高等院校学前教育专业"十二五"规划教材
专家委员会

主　　任　　李小融（四川省心理学会理事长、成都师范学院教育系主任）

副 主 任　　申健强（遵义师范学院初等教育学院院长）

专家成员　　（按姓氏音序排列）

　　　　　　陈　寒（绵阳师范学院教育科学学院院长）

　　　　　　陈理宣（内江师范学院教育科学学院院长）

　　　　　　成　云（西华师范大学教师教育学院副院长）

　　　　　　何奎莲（宜宾学院教师教育学院副院长）

　　　　　　李国强（湖南人文科技学院教育科学系副主任）

　　　　　　刘胜林（四川师范大学教育科学学院教授）

　　　　　　唐安奎（成都师范学院高等教育研究所所长）

　　　　　　唐清德（四川省孝泉师范学校学前教育专业部部长）

　　　　　　文　颐（四川省人文社科研究基地成都师范学院0~3岁儿童早期
　　　　　　　　　　发展与教育研究中心主任）

　　　　　　吴永忠（凯里学院教育科学学院院长）

　　　　　　肖　红（成都大学学前教育学院党总支书记）

　　　　　　杨　达（四川幼儿师范高等专科学校学前教育系主任）

　　　　　　尹艳阳（黔南民族师范学院贵定分院贵定师范学校学前教育系主任）

《幼儿园教育案例集》编委会成员

主　编　任春茂　申健强　张世萍

副主编　石贤磊　何芙蓉　彭　锦

参　编　汪　琴　周　莹　杨翠兰

　　　　陈　燕　莫　玲　胡　凤

高等院校学前教育专业"十二五"规划教材

幼儿园教育案例集

YOUERYUAN JIAOYU ANLIJI

主 编 任春茂 申健强 张世萍

西南交通大学出版社

·成 都·

图书在版编目（CIP）数据

幼儿园教育案例集/任春茂，申健强，张世萍主编.
—成都：西南交通大学出版社，2014.3
高等院校学前教育专业"十二五"规划教材
ISBN 978-7-5643-2961-7

Ⅰ.①幼… Ⅱ.①任… ②申… ③张… Ⅲ.①学前教育－教案（教育）－高等学校－教材 Ⅳ.①G613

中国版本图书馆 CIP 数据核字（2014）第 041151 号

高等院校学前教育专业"十二五"规划教材

幼儿园教育案例集

主编　任春茂　申健强　张世萍

责 任 编 辑	罗爱林
助 理 编 辑	赵玉婷
封 面 设 计	墨创文化
出 版 发 行	西南交通大学出版社 （四川省成都市金牛区交大路 146 号）
发行部电话	028-87600564　028-87600533
邮 政 编 码	610031
网　　　址	http://press.swjtu.edu.cn
印　　　刷	成都蜀通印务有限责任公司
成 品 尺 寸	185 mm × 230 mm
印　　　张	11.75
字　　　数	256 千字
版　　　次	2014 年 3 月第 1 版
印　　　次	2014 年 3 月第 1 次
书　　　号	ISBN 978-7-5643-2961-7
定　　　价	25.00 元

图书如有印装质量问题　本社负责退换
版权所有　盗版必究　举报电话：028-87600562

学前教育专业教材建设的新收获
（总序）

  人生的第一堂课，毫无疑问是从幼儿园开始的。年轻父母对学前教育的重视度，绝不亚于小升初、初升高、考大学。因为，一个人出生以后未来的路怎么走，未来人格怎么塑造，在很大程度上取决于学前教育。学前教育应符合幼儿心理和智力发展特质，它既不同于一般的看护教育，也不同于小学一二年级教育，而具有幼儿3~6岁特定年龄段的特殊教育规律。研究这一特殊教育规律，探讨独特的学前教育方法，培养热爱学前教育的专门人才，是当前学前教育面临的时代课题。

  学前教育是基础教育的重要组成部分和重要的起步阶段，是学校教育和终身教育的基石，对于儿童的个体发展和国民素质的提高具有极为重要的作用。国务院2010年发布的《关于当前发展学前教育的若干意见》指出："把学前教育摆在更加重要的位置。学前教育是终身学习的开端，是国民教育体系的重要组成部分，是重要的社会公益事业。"办好学前教育，关系到亿万儿童的健康成长，关系到国民素质的全面提高，关系到国家和民族的未来。作为教育工作者，我们只有不断更新教育观念，充分挖掘现有教育资源，创造性地进行教材体系建设，才能保证我们的学前教育取得应有的成效，促进儿童身心的全面发展。

  改革开放以来，尤其是近几年，我国的学前教育取得了长足的进步，普及程度逐步提高。但从总体上看，学前教育仍然是各级各类教育中的薄弱环节，主要表现为教育资源短缺、投入不足、师资匮乏、城乡区域发展不平衡等。因此，我们必须从学前教育体制改革、学前教育师资培养，尤其是从学前教育课程设计、教材建设创新等方面做好做实基础性工作。

  课程建设是学前教育建设的基础，是教育教学质量的关键环节，而教材建设是课程得以实施的保障。我们要根据学前教育近年来的发展现状和改革方向，结合学校人才培养和教学实际，以全新的理念和实用的内容培养学前教育专业学生的综合素质，提高其文化水平、艺术修养、教师职业技能和实际操作能力，拓展学生的创新思维，激活学生的创造能力。因此，学前教育的专业教材应突出学前教育专业的特色和发展方向，具有指导性、针对性、实用性和趣味性。

基于以上考虑，西南交通大学出版社经过调研和走访，组织编写出版了《声乐实用基础教程》、《教玩具与游戏设计》、《学前儿童英语教育》、《学前儿童科学教育》、《学前儿童传统文化教育》、《学前教育学》、《学前教育心理学》、《学前儿童文学》、《儿童手工》、《幼儿园教育活动设计与实践》等一系列高等院校学前教育专业教材。这套教材根据最新的教学目标和要求，系统而简明地阐述了教学大纲所规定的内容，既考虑知识的学理性和逻辑性，又体现了知识的综合性和应用性；既注重理论与实践案例相结合，又注重启发性思维能力的培养。这套教材得到了西南地区教育专家的鼎力支持，并成立了专家委员会，以便对整套教材的内容和质量进行审定把关；同时也得到了四川省心理学会理事长李小融教授，副理事长、四川省应用心理专委会主任徐鸿教授，以及遵义师范学院申健强教授等的大力支持。参与本套教材编写的学校和老师来自云、贵、川、桂、渝、湘、粤等地。整套教材汇集了各地精英的宝贵经验，博采众家所长，是大家呕心沥血的结晶。其既可作为国培和省培的培训教材，以及学前教育专业学生的学习教材，也可供广大热爱学前教育事业、关心儿童成长的读者使用。

我深信，学前教育在国家的大力扶持下，在各级政府的全力推动下，在广大教育工作者的积极努力下，必将得到又好又快的发展，迈向前所未有的兴盛时期。

祝愿学前教育专业的学生在这套教材中汲取更丰富更鲜活的精神养料；

祝福祖国的花朵们因这套教材的问世而更加健康快乐地成长。

是为序。

李明泉

四川省社会科学院副院长

二级研究员

硕士生导师

博士后合作导师

二〇一二年八月十六日于成都百花潭

前 言

根据《幼儿园教育指导纲要（试行）》的精神，一名新时期的幼儿教师不但要成为幼儿教育的实践者还应成为幼儿教育的研究者，幼儿教师要能够把行动和研究紧密地结合在一起。在这种情景中，幼儿教师如何去从事研究，用什么样的方式来展示自身的研究就成了一个问题。从幼儿教师的实际情况来看，幼儿教师所拥有的最宝贵的资源是生动的、鲜活的案例。由此，案例就逐渐进入了研究者和幼儿教师的视野。

本书编者通过查阅大量的资料，收集了有关幼儿园语言、健康、社会、科学、艺术五大领域的案例。同时，本书注重幼儿教师的参与性，在编排的过程中得到了四川、重庆、贵州等有关幼儿园教师的大力支持。本书从编排来看，主要具有以下几个特点：

一是注重理论和实践的结合。目前市面上有关幼儿园案例的书籍不少，但这些书籍更多关注的是实践。而本书在参考相关书籍的情况下，在编排的过程中特别注意融入理论方面的知识。从整体结构来看，本书分为六章。第一章是"幼儿园教育案例概述"，由成都师范学院的石贤磊教师编写。在本章中不但介绍了有关教育案例的起源，还对幼儿园教育案例做了界定，同时介绍了作为一名幼儿教师应该如何编写教育案例，具有很强的实用性。从第二章到第六章分别就幼儿园的五大领域收集相关的案例，并针对这些案例进行评析，在评析的基础上提出活动建议。

二是重活动建议和活动效果评析。本书收集的五大领域案例，都包括了活动目的、活动准备、活动过程、活动建议和活动效果评析等。活动建议和活动效果评析的提出有利于教师转换思路，使其不仅能灵活地运用这些案例，而且能在借鉴、学习的同时学会分析、思考。

三是特别注重细节。在收集有关案例时，编者考虑到案例的可操作性和实用性，选择的案例都比较注重教育过程的描述，为教师的教学提供详细参考。

尽管本书还存在很多不尽如人意的地方，需要不断地完善。但相信认真读过这本案例集的幼儿园教育工作者必能获得不少收获。在本书的编写过程中，我们参考或引用了许多专家、学者以及同行的研究成果及案例设计，同时，该书的编写和出版获得了所有编委成员和遵义师范学院相关领导，以及西南交通大学出版社的有关领导和责任编辑的大力支持，在此表示衷心的感谢。

任春茂
2012 年 10 月

目 录

第一章 幼儿园教育案例概述 ... 1
第一节 教育案例 ... 1
第二节 幼儿园教育案例 ... 3

第二章 幼儿园语言领域案例 ... 8
第一节 幼儿园语言教育的目标、内容和指导要点 ... 8
第二节 幼儿园小班语言领域案例 ... 9
第三节 幼儿园中班语言领域案例 ... 21
第四节 幼儿园大班语言领域案例 ... 34

第三章 幼儿园健康领域案例 ... 47
第一节 幼儿园健康教育的目标、内容和指导要点 ... 47
第二节 幼儿园小班健康领域案例 ... 48
第三节 幼儿园中班健康领域案例 ... 57
第四节 幼儿园大班健康领域案例 ... 68

第四章 幼儿园社会领域案例 ... 80
第一节 幼儿园社会教育的目标、内容和指导要点 ... 80
第二节 幼儿园小班社会领域案例 ... 81
第三节 幼儿园中班社会领域案例 ... 89
第四节 幼儿园大班社会领域案例 ... 98

第五章 幼儿园科学领域案例 ... 108
第一节 幼儿园科学教育的目标、内容和指导要点 ... 108
第二节 幼儿园小班科学领域案例 ... 109
第三节 幼儿园中班科学领域案例 ... 120
第四节 幼儿园大班科学领域案例 ... 129

第六章 幼儿园艺术领域案例 …………………………………………………………… 142
第一节 幼儿园艺术教育的目标、内容和指导要点 ……………………………… 142
第二节 幼儿园小班艺术领域案例 ……………………………………………… 143
第三节 幼儿园中班艺术领域案例 ……………………………………………… 151
第四节 幼儿园大班艺术领域案例 ……………………………………………… 161

参考文献 …………………………………………………………………………………… 178

第一章 幼儿园教育案例概述

第一节 教育案例

一、案例的起源与发展①

"案例"（case）这一概念是舶来品。一般认为，"案例"起源于医学界。从医学界的"病例"，到军事界的"战例"，到法律界的"判例"，到工商界的"管理案例"，再慢慢发展到教育界的"教育案例"。

"案例"一词最初是对"医案"和"病历"的统称。具体地讲，就是对病情诊断、处理方法的记录，以便有据可查，也为以后诊断和处理同类病情提供借鉴，为新手学习提供参考资料。

"案例"用于军事领域即为"战例"。战例指某一战争、某次战役或战斗的成功或失败的典型事例。通过对过去战例的分析，人们可以总结经验，吸取教训，形成一定的军事理论，以指导未来的战争。如"围魏救赵""平型关大捷""诺曼底登陆""奇袭珍珠港"等，都是一些很有名的战例。战例研究是军事院校常用的教学方式，已经成为一门独立的课程。

"案例"在法律界的应用最初是从引进"判例"开始的。1870年，时任哈佛大学法学院院长兰德尔（Christopher C. Langdell）指出：法律是一门以案例为资料的科学。法律教育中的课程应由案例来组成，构成这些学习资料的案例应来源于法律实践，来源于各级法庭的判决。当然，并非所有的判决都能作为案例使用，只有那些典型的有意义的判决才能被当作案例。

"案例"在工商界的应用和推广是从享有盛誉的哈佛大学开始的。1919年，多纳姆（Wallance B. Donham）出任哈佛商学院院长，他敏锐地认识到商业教育需要自己的案例形式，为此他专门为案例开发拨付资金，成立了商业研究处，并雇佣一大批专业人员进入商业实践领域，收集和开发了大量的商业案例，对工商管理教育起到了很大的推动作用。

"案例"被引入教育界，鼓励教师写作案例，并将案例运用于教师培训，在西方是20世纪70年代的事情。当时，有感于抽象的教育理论与丰富的教育实践之间的巨大差异，不少理论工作者鼓励教师要成为研究者，教师要能够把行动和研究紧密地结合在一起。在这种情景

---

① 闫德明、费伦猛：《如何撰写教育案例》，现代教育出版社2009年版，第3-5页。

中,教师如何去从事研究,用什么样的方式来展示自身的研究就成了一个问题。显然,长篇大论的理论探讨并非教师所长,生动、鲜活的事例是教师宝贵的资源。认识到这一点,以发生在教师身边的事件为研究对象的案例就逐渐进入了研究者以及教师的视野。此外,在教师培训领域,西方教育界也遇到了一些矛盾,一个突出的问题就是培训效率低下,不能适应教师的实际需求,不能真正培养教师解决实际问题的能力;教师培训的教学场景与实际的工作场景之间差异悬殊,在培训中所教的东西不能真正运用到实际的课堂中去。处此情景,一些研究者转而思考其他领域,比如,培养医生不能简单地让他们去记诵理论化的条文,还需要亲身去分析、收集各式各样的病例;培养律师既要让他们熟悉相关的法典,也要让他们能够分析、收集各种典型性的案件;而培养工商管理硕士的成功经验,更是说明了案例分析的重要性。由此,案例也就逐渐进入教师教育工作者的视野,成为教师培训中重要的工具和手段。

二、教育案例

教育案例研究法作为一种教学方法和研究方法,已有一百多年的历史。我们可以把中国古代"举一反三"的实践思想视作教育案例研究法的一种雏形。

(一)教育案例的含义

教育案例,是对教育教学过程中实际发生事件的故事性的描述,其中必须包含一个或数个疑难问题,同时也可包含相应的问题解决方法。一堂课、一个教育活动、一个教育情景、一次师生谈话、一个精彩的教学片段等都是教育案例。教育案例渗透在学校教育活动中,无处不在,无时不在。一个教育案例就是一个包含疑难问题的对实际情境的描述,是一个教学实践过程中的故事,描述的是教学过程中"意料之外,情理之中的事"。教育案例的含义,可以从以下几个层次来理解:

1. 教育案例是事件

教育案例是对教育教学过程中的一个实际情境的描述。它讲述的是一个故事,叙述的是这个教育教学故事的产生、发展的历程,它是对教育教学现象的动态性的把握。

2. 教育案例是含有问题的事件

事件只是案例的基本素材,并不是所有的教育教学事件都可以成为案例。能够成为案例的事件,必须包含问题或疑难情境内,并且也可能包含解决问题的方法。正因为这一点,案例才成为一种独特的研究成果的表现形式。

3. 案例是真实而又典型的事件

案例必须具有典型意义,它必须能给读者带来一定的启示和体会。案例与故事之间的根本区别：故事是可以杜撰的，而案例是不能杜撰和抄袭的。案例反映的是真实发生的事件，是教学事件的真实再现，是对"当前"课堂中真实发生的实践情景的描述。它不能用"摇摆椅子上杜撰的事实来替代"，也不能用从抽象的、概括化的理论中演绎的事实来替代。

（二）教育案例的特点

总体来讲，教育案例具有以下特点：

1. 真实性

教育案例讲述的是过去的、已经完成的教育事件，表现的是教师个人的生活史和个人生活的重要的实践意义，不是坐在办公室里杜撰出来的虚假的事件。

2. 故事性

教育案例重新关注教师自己的亲身经历，不仅要把自己摆进去，也要把活生生的学生摆进去，而且把写作的对象从知识事件转换为人的事件，是人与知识打交道或人与人打交道时发生的某个故事。

3. 价值性

教育案例描述的故事内蕴丰富，具有教育研究价值。有时我们看一个案例，虽然是小小的、朴实无华的，但蕴涵丰富，从多个角度加以分析，都能给人许多十分有益的启示。

第二节 幼儿园教育案例

一、幼儿园教育案例的界定

幼儿园教师撰写的教育案例，通常被称为幼儿园教育案例，即在幼儿园这个特定场所中，教师通过观察、反思等手段，对某一典型教育现象（这种教育现象是含有问题或者说疑难情境在内的真实发生的）进行详细、如实地描述，并在描述的基础上，经过分析，达到对所含问题的诠释或解决。这里的教育现象不仅仅是指幼儿园里的集体活动现象（如入学活动），还包括集体活动之外的，教师认为具有价值的个别教育现象，如某个幼儿行为问题等，这也常常被幼儿园教师称之为"个案"。由于集体活动尤其是教学活动一般具有普遍性，因此，幼儿园通常将这方面的案例作为幼儿园园本教研的主要内容。简单地说，案例是教师对某一真实教育情境发生后的描述和反思，一般是就事论事，其目的主要是为了解决自己当下教育工作中的实际问题。对幼儿园教师来说，撰写案例有利于加深对幼儿的了解，促进教学活动的开展。

二、幼儿园教育案例的特点

幼儿园教育案例除了具有教育案例一般的特点以外，还具有以下特点：

（一）故事性

即展示与反映的是一个现实的教育教学事例。它是根据教育教学过程中的教学事实进行研究的，是生动事例的再现，要有一个中心主题或观点。对这个事例的描述要具体、明确，能反映出事情发生的详细经过，让人觉得真实、可信，容易引起大家的共鸣。

（二）典型性

即具有典型意义和普遍意义。案例内容最好是大家共同关注的焦点，能反映时代的要求，并且通过这个事例可以给老师带来许多思考，今后遇到同样或类似事件，知道该如何应对。描述要能清楚地说明一个问题，表达一个思想，蕴含一定的理念。

（三）问题性

即案例中要包含一个或几个疑难问题，同时也可以包含解决这些问题的方法和思考。

三、撰写幼儿园教育案例的意义

幼儿园教育案例的产生和使用对象可以是幼儿教师，也可以是即将成为幼儿教师的在校幼儿教育专业的学生，无论是哪一种对象，作为一名专业教育者，应该首先成为一名终身学习者。这既是现代社会发展、教育不断地改革对教师的需要，也是面对不断变化的教育对象，及时发现新情况、解决新问题的需求。教师只有不断地学习、不断地自我成长，提高自己的专业化水平，才能为幼儿一生的长远发展打下良好的基础。新世纪的学前教育改革给幼儿教师专业技能的发展提供了广阔的空间，同时也提出了更高的要求。它要求教师不能仅限于弹、唱、说、跳、画、写、算等基本功，还需全方位地拓展自己的能力结构及技能水平，如思维能力、人际交往能力、组织管理能力、实施操作能力、观察和分析能力、指导监控能力、总结评估能力、教育科研能力、个人独创和专长性的能力等，在教育交流、科学教育、信息技术的高平台上，充分展示自己的风采，真正地成为幼儿心灵培育、健康保育、艺术教育、科学智育等诸多领域的专家。教育案例的学习和撰写成为提高幼儿教师各项能力的一种重要途径和方法。

（一）促进幼儿教师在自我教育中谋求发展

对于在职幼儿教师来说，必须重视自我教育的意识形成和能力构建，自我教育是幼儿教师专业发展的关键。因为在教师的专业发展中，教师本人所具有的主观性和能动性，在将外部因素转化为自身专业发展的过程中起到了不可替代的作用。教育教学工作本身具有复杂性的特点，这就需要教师在工作实践中有意识地将终身学习和职业实践作为自我教育的两个重要途径。教育案例的撰写，不断的有计划、有步骤、广泛的学习，深入的思考与深刻的总结，能帮助幼儿教师将平时零散的经验、体会进行梳理，在以"学习""反思"为主要特征的行动研究中不断积极构建专业实践经验的反思能力，增长实践性知识和教育智慧，进而获得专业上的发展。

（二）立足"园本教研"帮助幼儿教师快速成长

华东师范大学朱家雄教授指出："就教师的专业发展而言，其专业知识与能力的提高并不完全依赖于自己，还需要借由其他人的帮助而获得。教育实践证明，一个有着不同背景、经验、才能和观点的成员所构成的研究共同体，对教学问题进行共同探讨和决策，是可以为教师专业素养的持续提升提供一个较之单个教师的努力更为可靠、更为有效的基础的。"因此，幼儿园在重视幼儿教师自主研究的同时，更要高度重视发挥园本教研共同体的作用，为教师专业发展提供有效支持。通过撰写教育案例进行相互的学习和交流，通过园本教研引导教师以研究的态度来对待自己的教育教学实践，自觉主动地致力于探究和解决自身教育教学实际中的问题，从而达到改进教学实践和提高教学质量的目的，同时在教师个人的"自我反思"中，在教师团队的"同伴互动"以及研究人员的"专业引领"基础上，帮助教师夯实"了解幼儿""师幼互动"的基本功，建构园内学习共同体，营造园所平等、民主、开放的研究氛围，这对幼儿和教师的共同快速成长起到了积极的促进作用。

（三）探索高效能的培训模式

为了提升自己的专业水平，许多幼儿教师都参加了在职培训。参加培训的幼儿教师普遍认为培训时间紧，但作用大、意义重等。我们根据这些特点确定了幼儿教师的培训必须具备针对性强、实效性强、可操作性强、即时性强的任务要求，即选择幼儿教师在教育教学中存在的实际问题和困难作为培训内容。而利用撰写好的教育案例这样的形式，能有效地提高幼儿教师观察儿童、研究教育过程、组织教育活动和处理实际问题的能力和技能，有利于帮助教师将观念、理论转化为实际教育行为，找到提升教育能力的方法和思路，使教师学会用学到的观念来指导自己的教育行为，促进自我提高与持续发展，从而形成符合儿童和教育发展所需要的综合素质。

四、怎样撰写幼儿园教育案例

（一）教育案例与论文、教案、教学实录的区别

教育案例是一种写作的形式，那么它与我们平时所说的论文等形式有什么区别，又有什

么特点呢?

从文体和表述方式上来看,论文是以说理为目的,以议论为主;而案例则以记录为目的,以记叙为主,兼有议论和说明。也就是说,案例是讲一个故事,是通过故事来说明道理。因此,从写作的思路和思维方式上来看,两者也有很大的区别。论文写作一般是一种演绎思维,思维的方式是从抽象到具体;而案例写作是一种归纳思维,思维的方式是从具体到抽象。

一般来说,案例与教案的区别比较容易理解。教案是事先设想的教育教学思路,是对准备实施的教育措施的简要说明;案例则是对已发生的教育过程的反映,注重教师的反思。教案与案例一个写在教之前,一个写在教之后;一个是预期,一个是结果。

案例与教学实录的体例比较相近,它们的区别也体现了案例的特点和价值。同样是对教育情境的描述,教学实录是有闻必录,而案例是有所选择的。至于怎样选择,就要看案例撰写的目的和功能。

(二)撰写幼儿园教育案例的基本形式

1. 引言

即开场白,可以不必太多语言,主要用于描述案例大致涉及的主题。

2. 案例背景

即与案例发生的环境和条件有关的情况:时间、地点、人物、事情的起因等。案例背景是否交代清楚,直接关系到对案例中解决问题方法的分析、评判是否真正能把握事件背后所隐含的问题实质。案例背景介绍无需面面俱到,而应主要说明事件发生是否有特别的原因和条件。

3. 案例描述

即整个事件的详细记录,在描述时注意把握能反映主题的内容,对于一些涉及主题的细节部分更要描述得细致。

4. 提出问题

案例是包含一个或多个问题的实际情境的描述。幼儿园教育案例主要是揭示幼儿教育过程中存在的问题,从而引发思考。因此,在撰写案例时,首先要有问题意识,要明确提出存在的问题是什么、问题产生的原因有哪些,问题核心要反映课改的理念。

5. 解决问题的方法

撰写案例的目的,不仅要发现问题,更需要解决问题。因此这个环节很重要,教师要明确解决什么问题,方法是什么,方法要有针对性,需要详细叙述解决问题的步骤和过程。

6. 评析

评析要有理论依据，体现先进教育思想，要跟上课改的步伐，不夸张、不缩小，要进行反思或讨论，一般来说，可以让读者深化对案例的认识。

（三）撰写幼儿园教育案例的灵活形式

在撰写幼儿园教育案例时，撰写的形式是灵活多样的，并不拘泥于某种特定的形式，常见的有以下几种形式：

1. 夹叙夹议式

即一边描述性地记录集体活动过程的真实情况，一边对活动进行分析与点评。这种写法的优点是面面俱到，对每一个环节都进行深入细致的分析，对活动过程做出全面的评价。

2. 先叙述后议论

即先描述活动的某一过程或片断，然后根据典型事例，确定一个主题展开议论。这种写法往往能以小见大，便于突出文章中心，作者观点鲜明，读者很快便能理解作者的写作意图。

3. 随想式

即把自己在活动过程中的所见、所闻、所想以教学随笔的形式记录下来。内容既可以是活动过程中的某一问题，也可以包含解决问题的某些方法，或者叙述教学中成功的经验、失败的教训……这种写法的优点是形式自由，任作者发挥。由于没有过多的限制，作者可以随时随地记录自己的感想。

4. 教案式

目前有很多幼儿园的教育案例都是通过教案的形式展现出来的，但相比较教案来说，这样的案例具有两个显著的特点：一是注重教学过程的描述；二是注重教学反思和活动评析。这样的案例有利于教师对自我的教学进行剖析，不断提升教师的教学组织能力和应变能力。

当然在撰写的同时，也应该注意目的要明确、内容要真实、情景要完整、取舍要恰当、叙述要客观等问题。最后需要指出的是，在撰写案例的过程中，要注意保护案例中涉及的人物的合法权益，特别是对于具有负面性的例子，叙述时要避免使用真实人物的姓名，以免引起不必要的纷争。

第二章 幼儿园语言领域案例

第一节 幼儿园语言教育的目标、内容和指导要点①

幼儿园语言领域的主要目的是提高幼儿语言交往的积极性、发展语言能力。其具体目标如下：

一、幼儿园语言教育的目标

（1）喜欢与人谈话、交流。
（2）意倾听并能理解对方的话。
（3）能清楚地说出自己想说的事。
（4）喜欢听故事、看图书。

二、幼儿园语言教育的内容

（1）创造一个自由、宽松的语言交往环境，支持、鼓励、吸引幼儿与教师、同伴交谈，体验语言交流的乐趣。
（2）养成幼儿注意倾听的习惯，发展语言理解能力。
（3）鼓励幼儿用清晰的语言表达自己的思想和感受，发展语言表达能力。
（4）教育幼儿使用礼貌语言与人交往，养成文明交往的习惯。
（5）引导幼儿接触优秀的儿童文学作品，使之感受语言的丰富和优美。
（6）培养幼儿对生活中常见的简单标记和文字符号的兴趣。
（7）利用图书和绘画，引发幼儿对阅读和书写的兴趣，培养前阅读和前书写技能。
（8）提供普通话的语言环境，帮助幼儿熟悉、听懂并学说普通话。少数民族地区还应帮助幼儿学习本民族语言。

---

① 教育部基础教育司：《幼儿园教育指导纲要（试行）解读》，江苏教育出版社2002年版，第31-32页。

三、幼儿园语言教育的指导要点

（1）幼儿的语言是通过在生活中积极主动地运用而发展起来的，单靠教师直接的"教"是难以掌握的。教师应充分利用各种机会，引导幼儿积极运用语言进行交往。

（2）语言学习具有个别化的特点，教师应重视与幼儿的个别交流和幼儿之间的自由交谈。

（3）语言能力是一种综合能力，幼儿语言的发展与其情感、思维、社会参与水平、交流技能、知识经验等方面的发展是不可分割地联系在一起的，语言教育应当渗透在所有的活动中。

第二节　幼儿园小班语言领域案例

活动1：儿歌《小手变变变》

天津市西青区第二幼儿园　李淑敏

【活动目标】

1. 通过手指的变化，体验手指游戏的快乐，激发幼儿的想象力和创造力。
2. 喜欢学说儿歌，感受儿歌的节奏，并能进行仿编。
3. 尝试让幼儿学说短句：我的小手变变变，变成＊＊＊＊＊。
4. 培养幼儿的观察力，发展口语表达和表演能力，让他们体验成功的快乐。

【活动准备】

小动物头饰、幻灯片、魔术箱。

【活动过程】

（一）说一说

1. 手指游戏导入：今天我们一起做个手指游戏。提问：我们刚才做游戏是用什么做的？（引出：手）

2. 教师提问：请小朋友说说你的小手有哪些本领？（吃饭、穿衣服、画画、玩玩具、穿鞋等）你们的小手本领真大，能做这么多的事情，真了不起！

（二）学习儿歌

1. 表演魔术：老师的手也会做很多事情，还会变魔术。接下来我给你们变个魔术。老师用手变魔术，依次变出：（1）小猫。模仿小猫的叫声（喵喵喵）。（2）小鸭。模仿小鸭的叫声（嘎嘎嘎）。（3）小鸡。模仿小鸡的叫声（叽叽叽）。（4）青蛙。模仿青蛙的叫声（呱呱呱）。

2. 学习儿歌。老师把这些小动物编成了一首儿歌:《小手变变变》,一边放映幻灯片老师一边朗诵儿歌:

小手变变变

小手,小手,变变变,变成小猫,喵喵喵;
小手,小手,变变变,变成小鸭,嘎嘎嘎;
小手,小手,变变变,变成小鸡,叽叽叽;
小手,小手,变变变,变成青蛙,呱呱呱。

3. 老师一边表演一边朗诵儿歌,分句教幼儿学习儿歌。

"小朋友说儿歌说得真好,自己给自己拍拍手。"

"接下来咱们一起把儿歌说一遍,小朋友说儿歌的声音很好听,说完儿歌奖励小朋友粘贴。"

（三）仿编儿歌

1. 出示魔术箱,请幼儿依次变出小动物:(1)小兔。引导幼儿把小兔编进儿歌。小手小手变变变,变成小兔跳跳跳。(2)蝴蝶。引导幼儿把蝴蝶编进儿歌,小手小手变变变,变成蝴蝶,飞飞飞。(3)乌龟。引导幼儿把乌龟编进儿歌,小手小手变变变,变成乌龟爬爬爬。(4)小马。引导幼儿把小马编进儿歌,小手小手变变变,变成小马跑跑跑。

2. 请幼儿说一说还有哪些小动物可以编进儿歌。

3. 我们的手就像一个魔术师,它给我们带来了许多快乐,我希望小朋友们从现在开始,好好学习,用你们聪明的智慧和灵巧的双手去编织你们美好的明天。

【活动延伸】

小朋友回家把儿歌里的小动物表演给爸爸妈妈看。

【活动效果评析】

根据《幼儿园教育指导纲要（试行）》(下文称《纲要》)中指出的"小班幼儿会朗诵儿歌,仿编儿歌"这一目标,活动中教师采用了以多媒体演示为主的教学手段,并运用观察、讨论、表演说说练练等多种方法,激发幼儿的积极性、主动性,增强课堂教学的趣味性;通过语言课与音乐游戏课的整合,培养幼儿的表演能力与文字创编能力,并渗透思想品德教育,发展幼儿的思维,从而达到优化课堂教学的目的。

【活动建议】

在仿编儿歌这一环节,教师除了引导幼儿将小动物编进儿歌以外,还可以引导幼儿想象一下,小手除了可以变成小动物外,还可以变成什么,启发幼儿的想象力。

活动2：谁会飞

奎山中心幼儿园　董珊珊

【活动目标】

1. 尝试指读，做模仿动作，理解和诵读儿歌。
2. 乐意观察画面，有顺序地讲述小鸟和小鱼在做什么。
3. 培养良好的阅读习惯，体验阅读活动的乐趣。

【活动准备】

1. 教学挂图、小鱼和小鸟的头饰若干（自制）。
2. 小鸟和小鱼的音乐。
3. 幼儿人手一本《素养阅读》书。

【活动过程】

（一）音乐导入活动

师：小朋友今天我们小一班来了两位小动物，请你们猜猜它们是谁？

1. 放小鸟叫的音乐。
2. 放小鱼游的音乐。

师：小朋友知道是谁了吗？引导幼儿说出小鸟和小鱼。

3. 教师：小鸟有什么本领，小鱼有什么本领？
4. 教师：今天董老师还给每一个小朋友带来了一份礼物，你们想知道是什么礼物吗？幼儿：想。师：请把你们的小眼睛闭起来，（老师把小鸟和小鱼的头饰分别放在每个小朋友的椅子下面）现在请把你们的小眼睛睁开，看看你们的小椅子下面有什么？请把他们（小鸟和小鱼头饰）带在头上。
5. 放音乐模仿动作。教师：请扮演小鸟的小朋友来学一学小鸟飞，（放小鸟飞音乐）小鸟是怎么飞的？请扮演小鱼的小朋友来学一学小鱼游，（放小鱼音乐）小鱼是怎么游的？

（二）学习儿歌《谁会飞》

1. 出示教学挂图，幼儿有顺序地观察图片。

师：图上有什么？它们在做什么？

2. 教师有表情地朗诵儿歌。

师：你们从儿歌里听到了什么？

3. 再次朗读儿歌。

师：鸟儿怎么飞？鱼儿怎么游？（引导幼儿用儿歌中的语言回答。）

4. 教师分句教授内容，幼儿学习指读法。
5. 教师与幼儿一起朗诵儿歌。
6. 幼儿翻阅《素养阅读》用书，指读儿歌。
7. 师生对答，游戏式阅读。
（三）幼儿与教师边表演边朗诵儿歌，体验阅读的快乐。
（四）请幼儿想一想还有谁会飞、谁会游。

【活动延伸】

请幼儿和家人一起来创编儿歌并模仿表演。

【活动效果评析】

幼儿对本节课的兴趣较高。本次活动充分发挥了幼儿的模仿能力，满足了幼儿的模仿需求，对孩子的身心发展起到了重要作用，同时也培养了幼儿良好的观察和阅读习惯。

【活动建议】

幼儿的思维主要是具体形象思维，因此，在活动导入环节，教师可以通过放幻灯片的形式引导幼儿说出小鸟和小鱼，这样更直观，更易于幼儿的理解。

附：儿歌《谁会飞》

谁会飞？鸟会飞

鸟儿怎样飞？张开翅膀满天飞

谁会游？鱼会游

鱼儿怎样游？

摇摇尾巴点点头

活动3：小老鼠和大西瓜

扬中市实验幼儿园　郭静

【活动目标】

1. 幼儿能想办法帮助小老鼠解决在看望奶奶途中所发生的一系列问题，并大胆表述和表演。
2. 知道夏天天气炎热，积累一些防暑降温、自我保护的办法。

【活动准备】

八幅连环画形式挂图、西瓜皮、西瓜。

【活动过程】

（一）情境导入

师：小朋友们瞧！谁来了？（小老鼠）打个招呼！鼠奶奶生病了，小老鼠要去看望鼠奶奶，一路上会发生什么事呢？我们跟着小老鼠一起出发吧！（教师带领幼儿一起做走一走的动作。）

（二）观察体验

1. 师：小老鼠走到哪里啦？（第二幅西瓜园地图出现。）

师：天气真热，真渴啊，小老鼠会去干嘛呢？（幼儿自由回答）买了个大西瓜，大口大口地吃起来（老师和幼儿一起学做大口大口啊呜啊呜吃的动作），一会儿半个西瓜吃完了（拿出吃过的半个西瓜皮，给小朋友们看看后放到椅子旁边）。

2. 师：（第三幅图片）我们来看看小老鼠的肚子，吃得圆圆的，可小老鼠还想吃，有没有全吃完？（幼儿回答。）还有半个西瓜，它为什么不吃了？小老鼠想到了谁？他会怎么做呢？（幼儿回答。）

师：你们和小老鼠都是孝顺的好孩子。

3. 师：小老鼠捧着西瓜继续往前走。（第四幅画，小老鼠满头大汗地捧着西瓜。）小朋友看，小老鼠走得？（满头大汗）夏天太热了，小老鼠能想到什么办法让自己凉快些呢？（幼儿自由回答，老师引导幼儿看旁边的半个西瓜皮。）

师：你们和小老鼠想的一样，小老鼠戴上了半个西瓜皮做的帽子，真凉快。（第四幅画，演示小老鼠戴西瓜皮），你来戴戴（给每个小朋友戴戴）。

师：小老鼠继续向前走（和孩子们一起做走的动作并出示第五幅有河的画），小老鼠怎么停下了？（幼儿回答。）

师：小老鼠不会游泳，心情怎么样？（着急，用手撑着下巴在想办法）我们来帮帮它。（幼儿自由回答，幼儿想出了——大象/长颈鹿/乌龟/船等，学学，做做动作。）

师：想得挺好，可小动物们没来，河面上也没有船，怎么办？（手指西瓜皮提醒）这块西瓜皮可不可以帮忙呢？（可以做划船的动作）小老鼠跳上西瓜船，划船（出示第六幅图，带领孩子们一起跳一跳、划一划，分散自由划）划呀划呀划，西瓜船划到对岸了（回椅子上）。

4. 师：（出示第七幅图）划到对岸了，小老鼠遇到狐狸了，怎么办？（幼儿自由回答，棒打、石头扔、大树压、找猎人帮忙等。）

师：想一想它身边什么东西可以帮他逃呢？（指着老鼠手里的西瓜，并做提示扔的动作）带领幼儿一起扔狐狸（出示第八幅画）小老鼠拿西瓜皮扔狐狸，扔到了狐狸的眼睛，砸昏了它，小老鼠趁机逃走了。

（三）完整欣赏

师：今天老师给小朋友讲了一个西瓜的故事。故事中的小老鼠口渴买了个大西瓜，西瓜可好吃了，有没有都吃掉？它还是留了半个给奶奶，那么重，它还是给奶奶留着，真好！小

老鼠一路上还遇到了很多困难,可是它怕不怕?它和小朋友们一样一直都在动脑筋,把这些个困难都给解决了,真是能干!真棒!为了谢谢我们小朋友,它还留了一些西瓜给你们吃呢。幼儿品尝,活动结束。

【活动效果评析】

现在幼儿园的孩子从小就受到来自社会、家庭等各方面的教育,思维非常活跃和开阔。因此,我们的教学活动不能完全照搬方案中教师的主观设想来进行,而要根据孩子们的爱好来确定。教育活动的组织形式应根据需要合理安排,因时、因内容灵活地运用。幼儿园语言教育除了要运用一般的教育教学方法外,还应从语言自身的教育特点出发,形成一套有针对性的教育、教学的方法和手段。从幼儿亲身参与其中的生活现实出发挖掘幼儿已有的生活经验,并加以合理利用,增强幼儿的学习兴趣。《纲要》指出:善于发现幼儿感兴趣的事物、游戏和偶发事件中所隐含的教育价值,把握时机、积极引导。教师参与到幼儿的游戏中,与幼儿共同想办法解决困难,形成各种思想的一个有机结合点,给幼儿以新的刺激,进而激起幼儿开动脑筋的热情,活跃课堂的气氛。孩子们在整节活动中兴致盎然,一直处于最佳兴奋点,活动效果很明显。

【活动建议】

在活动过程中,除了可以采用挂图的形式引导幼儿熟悉故事内容外,还可以将故事内容制作成幻灯片的形式呈现给幼儿。

附:故事《小老鼠和大西瓜》

鼠奶奶生病了,小老鼠要去看望奶奶。夏天的太阳火辣辣地照着,小老鼠走在路上,热得满头大汗。它看到前面有块西瓜地,心想:吃块西瓜解解渴吧!于是,它摘了一个西瓜,大口大口地吃了起来,不一会儿就把半个西瓜吃完了。"还有半个留给奶奶吃吧!"小老鼠把西瓜皮戴在头上当成西瓜帽,这下可凉快多了。

小老鼠捧着剩下的半个西瓜,继续往前走。走着,走着,一条小河挡住了去路,这可怎么办呢?有了!小老鼠把西瓜皮放进水里当西瓜船,它坐上西瓜船,稳稳当当地过了河。

河对岸的草丛里躲着一只狐狸,肚子正饿着呢!看见小老鼠走来,狐狸张开嘴就想吃小老鼠。小老鼠急忙拿起西瓜皮朝狐狸砸去。狐狸一躲,西瓜皮掉在地上,摔了个粉碎!狐狸又想冲过去抓小老鼠,正好一脚踩到西瓜皮。"啪!"狐狸摔了个四脚朝天,头晕眼花。小老鼠趁机逃走了。

活动 4:The Cat and the Mouse

成都双流县籍田幼儿园　汪琴

【活动目标】

1. 愿意参加英语活动,体验活动的乐趣。

2. 认识猫和老鼠的英文名称。

3. 能听懂简单的英语指令，并按要求及时回应。

【活动准备】

1. 幼儿已听过故事《猫和老鼠做朋友》。

2. 教学课件："猫和老鼠做朋友"的故事（英文版）。

3. 点读笔、卡片、猫和老鼠的头饰，事先布置好场地。

【活动过程】

（一）Warm-up（热身活动）

1. 师幼热情问好。

T：Good morning, children. C：Good morning , Miss XX.

2. 教师和幼儿一起做热身 Morning Exercises。

（二）Presentation（内容呈现）

教师和幼儿一起欣赏英文版动画故事 The Cat and the Mouse are Friends。

T：Who's in the story?

（三）Practice（活动操练）

1. 教师用点读笔点击卡片中的单词 cat 和 mouse，让幼儿反复跟读，边做相应的动作边大声读出单词，教师拿着卡片在教室走一圈请每位幼儿摸卡片并大声读出单词。

2. 游戏：Catch the Card。

教师请几名幼儿上台跳起来抓卡片"cat"和"mouse"，其他幼儿大声读出卡片上的单词。

（四）Production（创造巩固）

游戏：小动物找食

教师将幼儿分成男女两组，请男小朋友先戴上小猫的头饰学小猫来到池塘找鱼吃，并大声读出单词 cat，女小朋友先戴上小老鼠的头饰学小老鼠来到地里找粮食吃，并大声读出单词 mouse。然后进行交换。

（五）活动结束

1. 教师对幼儿的表现做出评价。

2. 教师带领幼儿边唱英文歌曲 A Little Mouse 边离开活动室。

【活动延伸】

孩子回家后和家长一起欣赏英文版动画片《猫和老鼠》。

【活动效果评析】

随着国际化进程的加快,孩子从幼儿园开始学习英语已成为大势所趋。心理学研究也证明,3～8岁是幼儿学习第二语言的关键期。但同时幼儿的身心发展特点又决定了他们的学习必须是以游戏为主要方式,尤其小班的孩子更是如此。基于以上考虑,教师设计了本次英语活动。第一个环节的热身运动,让孩子练习了基本的问候语,同时在唱唱跳跳中又复习了英语字母。第二个环节是本次活动的导入部分,教师播放课件让孩子欣赏英文动画《猫和老鼠做朋友》,尽管孩子们听不懂英文,但能让孩子感知不同国家语言的特点以及英语的语音特点。第三、第四个环节是孩子对新授内容的练习与巩固,根据小班孩子爱玩和好动的特点,教师采用 TPR(全身反应法)和游戏法进行教学。孩子们对整个活动非常感兴趣,能很好地完成教学目标。但是个别环节的过渡不够自然,教师应该照顾到大部分幼儿的学习进度,而不是等到所有的孩子都掌握了才进入下一个环节,个别学得慢的孩子可以在课外的时候再复习。

【活动建议】

在活动延伸这个环节,除了让幼儿回家后和家长一起欣赏英文版动画片《猫和老鼠》加深幼儿对活动的理解外,还可以让幼儿在家长的带领下做"猫和老鼠"的游戏。

活动5:风儿也想有个家

天津市北辰区北仓幼儿园　刘坤

【活动目标】

1. 感受诗歌中风儿找家的情趣和意境,理解风儿给自然景物带来的变化。
2. 幼儿体验风儿没家和找到家的情感变化。
3. 用"到XX上找,XX有什么变化"的句式仿编诗歌。

【活动准备】

1. 经验准备:活动前,在有风的日子里,带孩子到公园、操场、小河边寻找风,观察风。
2. 材料准备:课件、背景音乐《云淡风轻》、录音机、图片。

【活动过程】

(一)激发欣赏兴趣

1. 刚才我们表演的谁?(小雨点)小雨点的好朋友"风儿"也来看我们了,我们大声地把它叫出来吧!(教师模仿风儿说话。)

风儿:大家好,你们有家吗?

风儿:家里最喜欢谁?

风儿：你们都有家，我也想找到属于自己的家，我现在就去找，你们仔细看一看我都到哪找家了？

（二）教师用动作表演风儿找家，幼儿想象

1. 风儿到哪找家了？
2. 猜猜这些家有哪些变化？

有一首诗歌叫《风儿也想有个家》，我们听一听这里的风儿是不是也找到家了？

（三）边看手偶边欣赏第一遍

师：风儿找到家了吗？

师：风儿没找到家的时候心情是怎样的？

师：风儿找到家的时候心情有什么变化？

（四）边看课件边欣赏第二遍

师：风儿先在哪找到家？风儿又在哪找到家？风儿最后在哪找到家？

（五）边看课件边欣赏第三遍（用问答的形式来表演）

1. 风儿在河边找到家，小河有什么变化？（用动作表演）
2. 风儿在树上找到家，树叶有什么变化？（用动作表演）
3. 风儿在草地找到家，小草有什么变化？（用动作表演）

（六）诵读诗歌

师：你们的动作表演得很优美，风儿想听一听你们的声音是否动听？要用感情来读。（强调最后一句的语气）

（七）尝试仿编

师：风儿还可以到哪去找家？新家有什么变化？

（八）分角色边表演边诵读

幼儿自选角色一问一答的形式表演。

（九）结束部分

师：我们现在带着风儿到外边去找家吧。（幼儿模仿大风走出活动室。）

【活动延伸】

在延伸活动中可组织幼儿仿编，相互交流。画一画"我为风儿找新家"，用绘画的形式来表达自己的体验，还可组织科学活动，研究风的作用和危害。文学作品的情感是双向的，既指向作者，也指向接受者。在以后的欣赏教学中，还应不失时机的通过作品中的审美情感，

引导幼儿追求真、善、美，净化心灵，提升情感品质。

【活动效果评析】

1. 结合小班幼儿特点，教师精心制作了课件，惟妙惟肖的动画展示了作品中景物的变化，从而使幼儿有更加直观的感受。我把轻柔舒缓的乐曲《云淡风轻》作为背景音乐循环播放，让幼儿不知不觉融入诗歌的意境中，帮幼儿理解，增强了感染力。孩子表现得积极、主动、热情。

教师和孩子用自然和谐的声音，舒缓动情的语调朗诵诗歌，从而使幼儿与诗歌产生共鸣。在此基础上，配以多种形式的赏读，通过边表演边读、有问有答的形式，使幼儿充分感受诗歌的丰富和优美。

2. 为了引导幼儿感受和体验诗歌情感，设计了对比的启发性问题"风儿没有家时的心情是怎样的？""风儿找到家时的心情有什么变化？"幼儿的表达都很充分，词语很丰富。这首充满情趣的诗歌所蕴含的亲情确实感染了孩子。幼儿还能完整地用上"先……又……最后……"一组关联词语来回答，语言较流畅。

3. 在回答"风儿还能在哪找到家？"问题时，幼儿能利用已有经验，运用动词、象声词、叠词进行表述，生动形象而且充满个性。

4. 在用动作的环节中，幼儿能运用与别人不同的动作来表现，但教师对表现力稍差的幼儿在技能上应予以适当提升，使幼儿在原有水平上有所提高，而且对一些动词如"起""摇"及象声词"沙沙沙"从孩子的理解上挖掘得不够深入。

【活动建议】

为了完成活动目标"幼儿体验风儿没家和找到家的情感变化"，教师在活动过程中需要通过语言进一步引导，让幼儿体会到没家的孤独和有家的幸福。

附：诗歌《风儿也想有个家》

小娃娃，有妈妈，风儿也想有个家。

到小河边找，小河起浪花，到树上找，树叶沙沙沙，

到草地上找，小草摇呀摇。

找到了，找到了，到处都是我的家。

活动6：好饿的毛毛虫

双流县籍田幼儿园　叶丽秀

【活动目标】

1. 理解故事内容，初步认识毛毛虫变成蝴蝶的过程。

2. 通过故事描述，正确使用量词。
3. 能够愉快地参与活动。

【活动准备】

毛毛虫图片一张、垫子若干、大纱巾一条、自制大图书、音乐。

【活动过程】

（一）出示绿色的毛毛虫，引出故事

师：这条毛毛虫怎么了？（幼：不高兴了。）

师：为什么不高兴了？（幼：它饿了。）

师：毛毛虫是因为饿了不高兴吗？那我们来听听下面这个故事，看看毛毛虫是不是因为饿了不高兴？

（二）教师利用绘本图书讲故事——《好饿的毛毛虫》

师：第一天毛毛虫吃了一个苹果、第二天吃了2根黄香蕉、第三天吃了3颗紫葡萄、第四天吃了4块黑巧克力、第五天吃了5片绿叶子……

师：毛毛虫到底为什么不高兴？（幼：没有食物吃……）

（三）出示绘本图书，教师一页一页展开画面再次讲述故事

师：第一天毛毛虫找到了什么？（幼：找到了一个苹果。教师根据幼儿回答把苹果图片贴在画面上。）

师：第二天毛毛虫找到了什么？（幼：找到了两根香蕉。教师根据幼儿回答把香蕉图片贴在画面上。）

师：第三天毛毛虫找到了什么？（幼：找到了三个紫葡萄。教师根据幼儿回答把紫葡萄图片贴在画面上。）

师：第四天毛毛虫找到了什么？（幼：找到了四块黑巧克力。教师根据幼儿回答把巧克力图片贴在画面上。）

师：第五天毛毛虫找到了什么？（幼：找到了五片绿叶子。教师根据幼儿回答把叶子图片贴在画面上。）

（四）完整地展开绘本图书，教师讲述故事

师：我们从头到尾的再听一次，看毛毛虫变成什么了？（教师完整地讲述故事。）

师：毛毛虫用什么把自己裹起来？（幼：用叶子把自己裹起来。）

师：毛毛虫用叶子裹起来睡了多久？（幼：睡了好几天。）

师：最后毛毛虫变成了什么呀？（幼：变成了蝴蝶。）

（五）游戏：幼儿学学毛毛虫变成蝴蝶

师：你们想不想学毛毛虫变成蝴蝶呀？（幼：想。）

1. 教师出示大垫子，垫子上放有跟故事内容一致的不同数量的水果卡片。

2. 教师讲故事，幼儿根据故事内容以及教师提示找出数量相等的水果图片。

3. 当故事讲述到"毛毛虫用叶子把自己裹起来，睡了好几天……"时，幼儿躺在垫子上模仿毛毛虫变成蝴蝶，当音乐响起时，幼儿学蝴蝶翩翩起舞。

（六）结束活动：幼儿跟随教师学蝴蝶飞到室外，结束活动

师：我们都变成了漂亮的蝴蝶，咱们一起到大自然中去跳舞吧。

【活动效果评析】

2~3岁是孩子口语发展的最佳年龄，这时期是孩子掌握最基本语言的阶段，但是处于这个年龄段的小班孩子往往由于年龄特点及生活经验不足运用语言的能力相对较弱，以致形成了词语贫乏、语音不准、语句表达不完整的特点。为此，在幼儿学习语言的关键期，我们可以通过形式多样、丰富有趣的语言活动，吸引幼儿参与其中，在寓教于乐中让他们掌握字词的正确发音，使其能大胆地、完整地表达自己的想法。本次活动的重点是通过理解故事内容，初步认识毛毛虫变成蝴蝶的过程，在对故事的描述过程中学习正确使用量词。第一部分，教师利用绘本图书讲故事，幼儿通过听故事、复述故事中的关键词来学习量词的正确使用；第二部分，教师请幼儿用肢体语言来集体表演毛毛虫从卵变为蝴蝶的过程，以此巩固毛毛虫变蝴蝶这个知识难点。整个活动，幼儿在练习中学习，在体验中学习，在快乐中学习。

【活动建议】

教师可以通过游戏的形式引入活动主题，如玩毛毛虫的手指游戏。这样更利于幼儿活动兴趣的激发。

附：故事《好饿的毛毛虫》

月光下，一颗小小的蛋躺在叶子上。一天早上，暖和的太阳升上来了。啪的一声，一条又瘦又饿的毛毛虫，从卵壳里爬了出来，它要去找一些东西来吃。

第一天，它找到了一个苹果，啊呜啊呜，一口吃掉了，可是，肚子还好饿。第二天，它找到了两根香蕉，啊呜啊呜，一口吃掉了，可是，肚子还好饿。第三天，它找到了三颗紫葡萄，啊呜啊呜，一口吃掉了，可是，肚子还好饿。第四天，它找到了四块黑巧克力，啊呜啊呜，一口吃掉了，可是，肚子还好饿。第五天，它找到了五片绿叶子，啊呜啊呜，一口吃掉了，觉得舒服多了。现在，毛毛虫不觉得肚子饿了。它不再是一只小毛毛虫了，它是一只又肥又大的毛毛虫。它用一片绿叶子把自己裹起来，在里面睡了好几天，最后，它变成了一只漂亮的蝴蝶。

第三节 幼儿园中班语言领域案例

活动1：爱美的青蛙

海南省白沙县幼儿园 徐丹丹

【活动目标】

1. 养成认真倾听故事的好习惯，能够大胆地、清楚地表达自己的想法。
2. 通过理解故事，初步了解一些动物具有与环境一致的保护色。

【活动准备】

1. 青蛙手偶。
2. 燕子、红绿青蛙、蚱蜢、蝼蛄、青蛇、青蛙妈妈卡片及背景图。
3. 故事录音，音乐《小青蛙》。
4. 课件《动物的隐身法宝》。

【活动过程】

（一）律动"青蛙"

师：孩子们，你们看，这是什么？你们喜欢青蛙吗？它呀可是捉害虫的能手呢！想不想学习它的好本领？让我们都变成一只能干的小青蛙，大家一起来动一动身体。

（二）草丛寻青蛙

师：看，那边有些什么呢？你觉得红青蛙多还是绿青蛙多？我们把它们找出来吧。每人赶快找到一只青蛙并把它贴到白纸上来。大家准备好，出发！5、4、3、2、1、停！（组织幼儿贴好后围绕坐好。）

师：看看你们找到的青蛙是红的多还是绿的多？让我们一起来数一数。为什么你们刚才会觉得是红青蛙多呢？（幼儿讨论后回答。）

因为绿青蛙都藏在哪里？什么颜色的草丛？原来红青蛙藏在绿草丛里很显眼，所以容易找到，而绿青蛙呢？本来就是绿色藏在绿草丛里，颜色差不多，我们当然不容易发现。

那你觉得住在草丛里的青蛙是穿红衣裳合适还是绿衣裳合适？为什么？（幼儿讨论，得出结论。）

（三）分段讲故事《爱美的青蛙》

师：可是有只名叫"呱呱"的青蛙就不明白这样的道理，这不还发生一件好笑的事情，让我们一起来听听发生在呱呱身上的故事吧。

1. 教师利用可操作教具及图片讲述故事,讲到"呱呱可乐了"的时候停下来。

提问:你们觉得呱呱美吗?给自己换件红衣服,合适吗?为什么?

让我们一起来看看换上红衣裳的呱呱会发生什么事情吧。

2. 教师讲述故事,讲到"可蝼蛄也很快钻到地底下去了"的时候停下来。

提问:青蛙呱呱抓到食物了吗?青蛙呱呱为什么抓不到食物,它可是捕捉害虫的能手呀?(幼儿回答。)

正当呱呱肚子饿时,看见一只蚱蜢,这下总有的吃了吧?(没有)为什么呀?(蚱蜢跳进草丛了)蚱蜢为什么跳进草丛?(因为青蛙要吃它)它是怎么发现的呀?(看见红青蛙扑过来)对呀,谁让红衣裳这么显眼呢!那么,呱呱又发现了谁?(介绍一下蝼蛄)这回他抓到了吗?为什么?

3. 教师讲述故事后部分。

提问:正当呱呱为没抓到食物而伤心时又发生了什么事?青蛙呱呱是怎样脱险的?他想出了一个什么办法?我们来学学他的动作吧。哇,总算躲过大青蛇的追捕了,好险呐,都是爱美惹的祸。

(四)幼儿完整欣赏故事

提问:小青蛙该不该换衣服?为什么?(幼:不该,这样都抓不到食物,还差点被敌人发现吃掉。)

教师小结:每种动物都有与自己生活环境相似颜色的衣裳。像小青蛙,它生活在草丛、荷叶里,这些环境大都是绿色的,这样穿上绿衣裳就像隐身在绿色环境中,敌人不容易发现它们,还能抓到更多食物,从而更好地保护了自己,这就是青蛙的保护色。爱美的心大家都有,但是不能太过分,否则会像青蛙呱呱那样惹麻烦的,不仅抓不到食物,还差点丢失了生命。

大自然里还有很多动物也有自己的保护色,就像故事里的蚱蜢,遇到危险和敌人时,它是怎样做的?为什么跳到草丛里?还有蝼蛄,为什么要钻到地底下?(幼儿讨论后小结:因为这些地方颜色和它的衣服颜色相近,可以保护它们不被敌人发现。)

【活动结束】

欣赏课件《动物的隐身法宝》。

师:老师这里还有许多有保护色的动物,它们都藏在与衣裳颜色一样的环境里,要和小朋友玩捉迷藏呢。请你们把它们找出来吧,看谁找得最快最多。

以动物口吻:你们真能干,一下子把我们都找出来了,真好玩真开心!让我们一起跳起来吧!你们可以做做自己喜欢动物的动作。(教师带领幼儿在欢快的音乐声中自由发挥。)

【活动效果评析】

与传统故事教学比较,这个活动设计的方案有以下特点:

首先，打破了由老师先讲述故事的传统教学模式，让幼儿先观察，确立角色再理解，幼儿之间可以展开讨论，学习主动性、积极性得到了充分调动。

其次，尊重幼儿，教师与幼儿始终站在同一起跑线上。我们的教师应正确确立自己的位置，从牧羊人变为头羊人，从命令式语言转化为交流式语言。

最后，教师的提问是开放性的、启发性的提问。教师所提问题简洁清楚，层次分明，启发性强，具有思考性和讨论性，能一问多答，效果最好，有利于从根本上满足幼儿兴趣需要和求知欲望，最大限度地萌发幼儿创新意识，体现创新精神。

【活动建议】

在新教故事《爱美的青蛙》这一环节，教师采用了教具和图片分段讲述故事、提出问题的方式，除了采用这种方式外，也可以通过操作幻灯片的方式讲述故事。

附：故事《爱美的青蛙》

青蛙呱呱穿着一身绿衣裳，大家都说它很漂亮，可呱呱觉得一点也不美。一天，呱呱看见一朵美丽的花，它的脸红红的像火焰一样漂亮。它想：要是我能变成红色的该多好啊！于是，呱呱找来了一支红颜料，把身体全都涂上了红色。这时，飞来一只小燕子，它惊奇地叫道："看啊，荷叶上蹲着一只红青蛙，好美啊！"听了小燕子的赞美，呱呱可乐了！这时，呱呱的肚子饿了，正好眼前出现了一只蚱蜢，可蚱蜢一眼就看见一只红青蛙扑过来，"噗"的一声，跳进草丛不见了。

这时，呱呱又发现了一只蝼蛄，可蝼蛄也很快钻到地底下去了。正当呱呱为没有抓到吃的而伤心时，一条大青蛇游过来想吃呱呱，它吓得赶紧逃。"扑通"一声，呱呱跳进了河里，河水把它的红衣裳全洗掉了，青蛙妈妈游过来，说："现在你明白，我们为什么穿绿衣裳了吧！"

活动2：月亮姑娘做衣裳

鹰潭市第二幼儿园　李萍

【活动目标】

1. 初步理解故事的内容，进一步了解月亮的变化过程。
2. 激发幼儿观察月亮的兴趣，知道月亮是不断变化的，时弯时圆。
3. 学习理解文学作品的人物形象，并用语言、动作等形式表现对故事的理解。

【活动准备】

1. 月亮谜语。
2. 课件：儿歌《月亮谜语歌》；故事《月亮姑娘做衣裳》。
3. 月亮图片、衣裳图片、皮尺等。

【活动过程】

（一）活动导入

1. 教师带领幼儿伴随儿歌《月亮谜语歌》进入活动场地。

师：小朋友们，上午好！

幼：老——师——上——午——好！

2. 以猜谜语的形式引出活动，激发幼儿对月亮的兴趣。

师：今天老师给你们带来了一个谜语，请你们猜猜看，看谁猜得又快又准！（谜语：有时圆圆像个盘，有时弯弯像只船。要问这个是什么？夜晚抬头向天看。）

幼：月亮。

下面让我们一起看看圆圆的月亮和弯弯的月亮吧！（出示PPT。）

师：咦，这个月亮是什么形状的呀？（圆圆的）它像什么呢？（圆盘）还像什么呀？

幼：像皮球、像轮子、像西瓜、像耳环、像光盘、像泡泡、像脸盆……

师：看，这个月亮又是什么形状的呀？（弯弯的）它像什么呢？（像小姑娘的眉毛、像镰刀、像小船）还像什么呢？

幼：像香蕉、像笑脸、像柳条、像辣椒……

师：在晴朗的晚上，天上会看见什么呢？

幼：月亮、星星。

师：恩，小朋友说得太好了，让我们看看生活中不同形状的月亮。（出示PPT。）这个就是小朋友刚才说的像眉毛、像香蕉、像小船、像皮球、像盘子的月亮。

师小结：原来这个月亮呀，在一个月当中由细细的弯月牙一天天、一天天长胖，到了月中的时候就变成一个胖乎乎的圆月亮。然后呢，她要慢慢地、慢慢地变瘦，变成一个弯弯的小月牙。

在月亮由瘦变胖，由胖变瘦的过程中发生了一个故事，让我们一起听一个关于月亮的故事吧！

（二）出示PPT请幼儿边看图片边倾听故事《月亮姑娘做衣裳》

（三）教师根据故事情节提问，帮助幼儿理解故事内容，并用语言描述月亮的变化

1. 教师出示PPT边提问边引导幼儿根据图片内容回答问题。

师：为什么月亮姑娘要扯一块云彩裹在身上？

幼：凉风吹得她有点冷

师：小朋友，你们冷的时候会怎么办？

幼：穿衣服，盖被子，开空调……

师：刚才故事里提到月亮姑娘想了一个怎样的办法？

幼：请裁缝师傅量尺寸做衣裳。
　　师：我们一起看看吧！
　　师：五天过后，月亮姑娘去取衣服发生了什么事？（教师引导幼儿说出"衣服太小，连扣子都扣不上"。）
　　师：又过了五天，月亮姑娘来取衣服，这次发生了什么事？（教师引导幼儿说出"衣服连套都套不上，太小了"。）
　　师：五天终于过去了，月亮姑娘现在来取衣服会发生什么事？（教师引导幼儿说出"衣服还是太小了"。）
　　2. 让幼儿再次完整倾听故事《月亮姑娘做衣裳》加深印象，从而对故事更进一步理解。

　　（四）情景表演——引导幼儿用动作表现月亮每个时间段的变化
　　1. 请幼儿扮演裁缝师傅给月亮姑娘量尺寸
　　师：小朋友们，通过对这个故事的学习，你们知道月亮的变化过程了吗？
　　幼：知道了。
　　师：你们想不想给月亮姑娘做衣服呀？
　　幼：想。
　　师：下面老师来扮演月亮姑娘，我请四位小朋友来扮演裁缝师傅，分别第一次、第二次、第三次、第四次给月亮姑娘量尺寸。谁愿意？
　　2. 教师手拿月亮图片，请幼儿手拿衣服图片依次上台表演。（强调幼儿学说"我来给你量一量""五天过后再来取"。）

　　（五）活动结束
　　1. 小朋友们，故事中月亮姑娘为什么每次都穿不上合适的衣服呢？
　　2. 教师将月亮图片依次展示到黑板，小结——月亮是不断变化的。
　　师：小朋友，请你们仔细观察这些月亮图片，我们一起来看看她的变化过程。原来这个月亮呀，每天都在不断地发生变化，到了每个月的十五就变成了胖乎乎的圆月亮，你们在生活中有没有仔细观察过月亮的变化？
　　幼：没有。
　　师：请你们每天晚上去仔细观察一下月亮的变化，并把她的变化用图记录下来。

　　【活动延伸】
　　区角活动：引导幼儿在表演区对故事继续进行表演、在科学观察区观察月亮的变化过程。

　　【活动效果评析】
　　"月亮姑娘做衣裳"是一节穿插着科学常识的语言活动，它把自然界中月亮阴晴圆缺的现象用故事的形式展示出来。故事既贴近幼儿生活，又富有趣味性，运用幼儿生活中做衣服的事情来表现月亮变化的过程，启发幼儿去听、看月亮的变化。这则故事把月亮拟人化地比作姑娘，重点是让幼儿理解童话故事中月亮的变化过程。活动中教师不仅可以引导幼儿用视觉、语言感受月亮的变化，而且可以通过身体动作来表现月亮的变化。教师用角色表演的方式带领幼儿表演各个阶段的月亮姑娘，不仅能帮助幼儿感受到月亮是在不断变化的，更能激发幼儿的兴趣，让幼儿在理解故事发展的基础上进一步感受月亮的不断变化，也了解到原来月亮是每天都在变化的，所以才没有合适的衣服穿。

为了使幼儿能直观地体验和感受月亮的变化，教师运用多媒体丰富的色彩、生动的画面、逼真的效果，充分调动了幼儿视听结合的积极性，很快地吸引了幼儿的注意力，让幼儿饶有兴致地观看故事。教师采用观察法、对比法、猜测法、排列法开展整个活动。一开始教师用开放式的提问来引导，提问：在晴朗的夜晚天上会看到什么？接下来请幼儿通过图片看看、比比。画面里的月亮都是什么形状的？分别像什么？引发了幼儿观察月亮的兴趣。幼儿通过自己的观察、比较后，都发现了图片中月亮的不同，并能用自己的语言将它表达出来。教师给幼儿创设了个想说、敢说、喜欢说、有机会说，并能积极应答的环境，幼儿在活动中积极性很高，能清楚地表达自己的想法。

在倾听故事的环节中幼儿将自己的想象与故事进行比较，从而更好地理解了整个故事。正是因为孩子日常生活中亲身体验到月亮每天都在变化，所以他们在课堂上才能说出自己独特的感受。在想象讲述中也体现了个别差异的问题，能力弱的幼儿可以简单讲述，能力强的幼儿可以较详细地讲述。在这个过程中，幼儿的思辨力、口语表达能力、与人合作的能力都得到了有效的培养。

最后环节情景表演中，教师采用师生互动的方式进行表演，幼儿的积极性很高。教师扮演月亮姑娘的角色，请个别幼儿扮演小裁缝的角色依次上台和教师进行表演，幼儿在对故事理解的基础上，在教师的引导下，能慢慢说出一些简单的句子，下面的幼儿也能认真观看。这个环节对幼儿来说有一定的考验。在整个表演环节中，教师的引导相对欠缺，从而导致幼儿不能很好地进行表达，影响了整个活动的效果。

【活动建议】

在活动导入这一环节，教师先出示两张幻灯片引导幼儿观察圆圆的和弯弯的月亮，然后小结月亮由瘦变胖，由胖变瘦的过程。这里教师还可以通过将月亮变化的过程制作成动画的形式，在总结的时候展示动画，这样更符合幼儿的思维特点，幼儿理解起来相对也更容易。在表演这一环节中，教师可以不用参与，直接让幼儿进行角色表演，这样能更好地达到活动目标中的要求：学习理解文学作品的人物形象，并用语言、动作等形式表现对故事的理解。

附：故事《月亮姑娘做衣裳》

夜晚，月亮姑娘出来了，细细的，弯弯的，好像小姑娘的眉毛。凉风吹得她有点冷，她就撕了一块云彩裹在身上，月亮姑娘想：我还是找一位裁缝师傅做件衣裳吧。裁缝师傅给她量了尺寸让她五天以后来取。过了五天，月亮姑娘长胖了一点儿好像弯弯的镰刀，她来取衣裳了，衣裳做得真漂亮，可惜太小了，穿在身上连扣子也扣不上。裁缝师傅决定给她重新做一件，重新量了尺寸，让她再过五天来取。五天又过去了，月亮姑娘又长胖了一点，弯弯的像只小船。她来取衣裳，衣裳做得更漂亮了，可惜月亮姑娘连套也套不上。裁缝师傅涨红了脸，说："我只好重做了。"又是五天过去了，月亮姑娘来取衣裳，裁缝师傅看到月亮姑娘变得圆圆的，像一只圆盘那样，吃了一惊："啊你又长胖了！"裁缝师傅叹了一口气，对月亮姑娘说："唉！你的身材量不准，我没法给你做衣裳了。"原来，月亮姑娘每天都在变化，所以她到现在还穿不到合身的衣裳。白天太阳公公出来了，她不好意思出来，只有在晚上才悄悄地露面。

活动3：绘本故事《逃家小兔》

天津市河东区第四幼儿园　陈丽

【活动目标】

1. 在欣赏画面的基础上，猜想小兔与兔妈妈的对话，理解故事中事物之间的两两关系。
2. 初步学会自主阅读绘本故事，激发幼儿对绘本故事的喜爱。
3. 通过模仿、运用句式"如果你变成……我就变成……"，感受兔妈妈对兔宝宝的爱。

【活动准备】

《逃家小兔》（运用彩图）的课件、图书。

【活动过程】

（一）欣赏绘本图片，初步感知角色间的关系

师：今天陈老师给小朋友带来了一张彩色图片，让我们一起来看一看。图片上有谁？他们在哪儿？正在干什么？

小兔和妈妈正在聊天呢！那它们在说些什么？

咱们竖起小耳朵，听一听。（小兔对妈妈说："妈妈，我要跑走啦！"兔妈妈说："如果你跑走了，我就去追你，因为你是我的小宝贝呀！"）

（二）请幼儿分段欣赏画面并说出自己的想法，初步理解故事中事物之间的两两关系，感受兔妈妈对兔宝宝的爱

这只淘气的小兔对妈妈说："如果你来追我，我就变、变、变、变得让你找不到我。"

1. 出示课件图一。

咱们一起来看一看，小兔子它想变成什么？你是从哪看出来的？

2. 出示课件图二。

兔妈妈会变成什么找到小兔子？它为什么变成风？

3. 出示课件图三。

兔妈妈说:"如果你变成小帆船,我就变成风,把你吹到我要你去的地方。"

4. 出示课件图四。

这只淘气的小兔子又变成了什么？

兔妈妈会变成什么找到小兔子？

5. 出示课件图五。

引导幼儿仔细观察画面,对兔妈妈的想法进行猜测？

兔妈妈为什么要变成一棵大树？

小结:兔宝宝变成小鸟在空中飞呀飞,兔妈妈变成大树伸开双臂,这样小鸟飞累了就可以飞回家落在树上休息。兔妈妈是多么地爱她的小宝贝呀!

6. 出示课件图六。

兔妈妈说:"如果你变成小鸟,飞得远远的,我就变成大树,好让你飞回家落在上面休息。"

7. 出示课件图七。

引导幼儿仔细观察画面:"这是什么地方？仔细找一找小兔变成了什么？"

这次兔妈妈会变成什么找到小兔子？

8. 出示课件图八。

兔妈妈为什么要变成园丁？

小结:兔妈妈拿着小篮子和锄头给小花浇水施肥,经过园丁浇水、施肥、松土,小花会变得怎么样？兔妈妈是多么地爱自己的兔宝宝,她希望自己的孩子健康茁壮地成长,于是变成园丁精心照顾小花,让自己的孩子快乐地生活在阳光雨露下。

9. 出示课件图九。

兔妈妈说:"如果你变成小花儿,我就变成园丁,把你找出来。"

(三)幼儿自主阅读绘本故事,激发幼儿对绘本故事的喜爱

这只淘气的小兔子还会变成什么？它最后成功逃离家了吗？今天陈老师给小朋友带来一本绘本图书,名字叫"逃家小兔"。

请小朋友仔细看一看书中的彩色图片,小兔子又变成什么？兔妈妈又变成什么找到小兔子？

幼儿自主阅读,教师观察指导。

刚才小朋友看到书中淘气的小兔子又变成什么？兔妈妈变成什么找到它？

(出示课件:4幅彩页合在一起)

(四)教师演示课件,幼儿完整欣赏故事,在倾听和欣赏中进一步理解故事中事物之间的两两关系,丰富幼儿词汇

（五）通过语言游戏，引导幼儿模仿、运用句式"如果你变成……我就变成……"，感受兔妈妈对兔宝宝的爱（出示课件：8幅彩页合在一起）

现在陈老师来扮演小兔子，你们扮演兔妈妈。"如果你来追我，我就变成……"，那兔妈妈你会怎么说？（幼儿模仿、运用句式"如果你变成……我就变成……"。）

无论小兔变成什么都被兔妈妈找到了。兔妈妈为什么要一次又一次地变，找到小兔子呢？（使幼儿感受兔妈妈因为爱自己的小兔，所以就不想失去它。）小兔充分感受到了兔妈妈有多爱它，再也不想离家出走了，从此以后他们幸福地生活在一起。

【活动延伸】

1. 与父母一起阅读《逃家小兔》，互相交流想法，感受亲情的可贵。

2. 和爸爸妈妈一起玩语言游戏，运用句式"如果你变成……我就变成……"，进一步感受爸爸妈妈对自己的爱。

【活动效果评析】

1. 以倒叙的方法，创设问题情景，引发幼儿对兔妈妈与小兔子间对话的猜想，激发幼儿对绘本的兴趣。

2. 运用多媒体课件，幼儿在欣赏画面猜想小兔与兔妈妈对话过程中，初步学会自主阅读绘本，理解故事中事物之间的两两关系。

3. 在幼儿初步掌握绘本阅读基础上，为幼儿提供自主阅读绘本时间，激发幼儿对绘本的喜爱。在自主阅读的过程中幼儿可以更充分地欣赏画面，将自己的想法表达出来。

4. 在幼儿自主阅读的基础上，教师完整讲述绘本，使幼儿充分欣赏、感受绘本图书的魅力（语言和彩页），让幼儿在相应的角色中学说，同时帮助幼儿进一步理解故事中事物之间的两两关系以及兔妈妈对兔宝宝的爱。在讲述过程中，将兔妈妈说的"如果你变成……我就变成……"一句用放慢语速并加重语气的方式读出，便于幼儿倾听模仿这一句式。

5. 通过语言游戏，引导幼儿模仿、运用句式"如果你变成……我就变成……"，感受兔妈妈对兔宝宝的爱。

这个游戏改变以往由幼儿扮演小兔，教师扮演兔妈妈的模式，而是教师扮演小兔宝宝，讲出"如果你找到我，我就变成……"，鼓励幼儿扮演兔妈妈并模仿、运用句式"如果你变成……我就变成……"，使幼儿在不同角色的交流中会说、会想，感受兔妈妈对兔宝宝的爱。

6. 为幼儿创设一个宽松、自由的语言环境，为每名幼儿提供想说、敢说、表达自己想法的机会。对于不同水平的幼儿教师提供不同形式的指导与帮助，如借助4合一、8合一彩页课件帮助幼儿，理解故事中事物之间的两两关系，模仿、运用句式"如果你变成……我就变成……"，感受兔妈妈对兔宝宝的爱。

【活动建议】

在活动过程中，为了引导幼儿模仿、运用"如果你变成……我就变成……"这一句式，教师设计了语言游戏这一环节，其主要目的是加深幼儿对这一句式的理解和运用。这里除了语言游戏外，还可以设计一个表演游戏或角色游戏，让幼儿在表演的过程中熟悉句式，发展幼儿的表演能力，激发幼儿参与活动的兴趣。

活动4：微笑

江西省分宜中心幼儿园　钟珍贵

【活动目标】

1. 理解故事，知道无论能力大小都可以给朋友带来快乐。
2. 有给朋友送微笑的意愿。

【活动准备】

歌曲《歌声与微笑》、故事磁带、PPT课件、大镜子、纸和蜡笔。

【活动过程】

（一）通过问题和PPT导入活动

教师笑眯眯地问孩子：小朋友，你们看，我这是一张高兴的脸还是一张难过、生气的脸？（高兴）

你们看到我高兴的脸，你们的心情怎样？（引导幼儿说出高兴。）

出示PPT笑脸和哭脸。

师：瞧，老师这有两幅表情图，你们喜欢哪一幅？为什么？（引导幼儿说出喜欢笑脸"这张使我看了心情愉快"。）

师：你们都喜欢笑脸，那就让我看看你们甜甜的微笑吧！（幼儿眯眯笑。）

小结：微笑不仅能使自己心情愉快，还能给身边的朋友带去快乐。

（二）师生共读故事PPT

（出示第一张图片）

师：图中有什么？他们之间发生了些什么事情？（幼儿想。）

教师讲述故事第一段。小蜗牛为什么很着急？（别的小动物都在帮助朋友，而小蜗牛不能帮助朋友。）

（出示第二张图片，引导幼儿看小兔和小蜗牛的表情。）

师：他俩笑了，发生什么事情了？（幼儿猜想。）

教师讲述故事第二段。原来是小蜗牛的微笑使身边的朋友感受到了快乐。

师：这时，小蜗牛还着急吗？为什么？（不着急，它可以把微笑送给朋友，让朋友感受到快乐。）

（出示第三张图片。）

师：小蜗牛在想，怎样把微笑送给更多的朋友呢？我们一起帮小蜗牛想一想好吗？（幼儿开动脑筋。）

教师讲述故事第三段，小蜗牛想出了一个好办法，把自己的微笑画下来，装进信里，等朋友收到信就能看到它的微笑了。

小结：小蜗牛真了不起，让身边的朋友都快乐起来了。

（三）完整听故事（播放故事磁带）

幼儿仔细倾听。

（四）教师引导幼儿送微笑，传递快乐

师：每个人的微笑都很美，让我们多多微笑，友好地对待身边的朋友。

（教师拿出大镜子让幼儿照着镜子微笑。）

师：你们对着镜子笑一笑，把自己的微笑记在脑海里，然后把自己的笑脸画下来，送给身边的朋友。

教师给幼儿发笔和纸。

（五）活动结束

在歌曲《歌声与微笑》中，幼儿相互送笑脸、送祝福。让我们永远记住微笑。

【活动效果评析】

《微笑》是一篇充满浓郁儿童情趣的童话故事，它采用了拟人的手法，把小蜗牛用微笑的方式给大家带来快乐，从而自己也快乐起来的经过描写得形象逼真。它让幼儿充分感受到小蜗牛的助人之心和与朋友的友爱之情，体会到为朋友做事的快乐。

活动效果评析应根据中班幼儿语言发展的实际水平、年龄特点、兴趣需要。中班幼儿理解能力还很肤浅，注意力往往受兴趣的影响和支配，有意注意初步得到发展，所以需要利用各种教学手段恰当、巧妙地引导幼儿理解故事内容，还要注重培养幼儿认真倾听的习惯。为了避免分散幼儿注意力，影响幼儿对故事内容的感知，教师在讲述故事时运用分段讲述的方法，慢慢揭开故事内容，抓住幼儿的注意力。中班幼儿在情感及认知方面水平有限，对理解隐含在故事中的寓意有一定的困难，所以让幼儿充分感受小蜗牛的助人之心和与朋友的友爱之情，体验为朋友做事的快乐尤为重要。在活动中教师依据幼儿的生活环境让幼儿照镜子记住自己的微笑，把自己的微笑画在纸上，送给朋友。依据幼儿思维发展的过程，本环节由近及远、由易到难地引导幼儿思考、讨论，进而得出与幼儿实际生活相关的答案，并使幼儿有

了行动的愿望，促进幼儿发散思维的发展，解决了本活动的难点，达到了教育的目标。

【活动建议】

教学目标中提出"有给朋友送微笑的意愿"，这一教学目标实现的前提是幼儿应该能够理解"微笑"的含义，体验到朋友之间的友爱之情。

活动5：借你一把伞

泉州市直机关金山幼儿园　黄琼丽

【活动目标】
1. 学会观察画面的细微之处，理解故事内容，懂得适合自己的东西不一定适合别人的道理。
2. 感受与爸爸、妈妈一起阅读的乐趣。

【活动准备】
1. 动物卡片：蚂蚁、青蛙、兔子、小狸、小狗、大熊。
2. 各种叶子：酢浆草、瓜的叶子、有叶须的萝卜、芋头叶、大的荷叶。
3. 《借你一把伞》大绘本，幼儿人手一本小绘本、漏斗、杯子、水、书夹。

【活动过程】

（一）师幼交流，读前设疑

1. 出示绘本，观察画面，帮助幼儿认识故事主要角色，鼓励幼儿动脑思考，建立阅读经验。

师：小朋友，今天老师为你们带来一本非常好看的书，你们看封面上有什么？请幼儿用比较完整的语言讲述自己对画面的理解。（小女孩叫娜娜，小狗叫强强，它们是好朋友。）现在娜娜和小狗强强在草地上玩得正高兴呢！突然发生了什么事？这时候娜娜最需要什么呢？

2. 教师引导幼儿围绕不同的"伞"讨论交流，帮助幼儿扩展思维，大胆猜测想象，在阅读前设置疑问。

师：下雨啦！得赶紧给娜娜送一把伞呀！要是淋了雨可怎么办呢？你们看，我这里有许多"伞"。

教师出示与画面相关的各种叶子图片——酢浆草、瓜的叶子、有叶须的萝卜、芋头叶、大的荷叶——丰富几种不同的"伞"的名称。

（二）自由阅读，寻找答案

师：小朋友一定很想知道这些伞是谁的？等一下小朋友看一看书就知道了。

师：等一下看书的时候，请小朋友们从前往后一页一页地翻，翻书的时候要从页脚翻，仔细看看都是谁把伞借给娜娜的？她们都借给娜娜什么伞呢？它们借伞给娜娜的时候会怎么说？看完以后等一下请你告诉大家。

（三）共同阅读，提炼语言

1. 提问。

师：刚才都是谁把自己的伞借给娜娜的呢？（教师随幼儿的答案出示相对应的动物。）

师：小动物借伞给娜娜的时候会怎么说呢？（请几名幼儿回答。）

共同阅读。

师：我们一起来读这本书看看小动物说的话和你们说的一样吗？

3. 教师介绍书的名称。

4. 教师边读大绘本，边通过演示教具帮助幼儿理解词语"漫"和"漏斗"。

（四）游戏：找朋友

1. 请幼儿帮伞和动物找朋友，帮助幼儿整理阅读思路，加深印象。

2. 通过提问，排列图片，让幼儿初步懂得适合自己的东西不一定适合别人的道理。

（五）亲子阅读，熟悉故事

幼儿与家长一起进行亲子阅读，要求家长与幼儿一边手指文字一边阅读绘本。

【活动延伸】

1. 在语言区结合"还有谁没有伞呢？"启发幼儿猜想。

2. 在美工区请幼儿设计不同的伞。

3. 在表演区引导幼儿根据故事进行表演。

【活动效果评析】

《纲要》解读中指出，培养幼儿自主阅读的能力是早期阅读的核心。让幼儿成为流畅的阅读者，具备反思、预期、质疑、假设这几个能力。根据《纲要》精神，教师在幼儿自主阅读前引导幼儿认真观察图片的细节部分，并引导幼儿用自己的语言表达出来，在环节的设计上教师采用层层深入的策略，每个环节过渡自然，在每个环节前教师都提出了一些有效的问题，让幼儿带着问题去阅读。在活动中教师结合实物，让幼儿通过直观的教具去理解比较难的词语，如"漏斗""漫"等。本次活动的难点是让幼儿懂得适合自己的东西不一定适合别人的道理。教师通过游戏"找朋友"，让幼儿在游戏中明白道理，从而突破活动难点。

【活动建议】

活动过程应围绕活动目标进行，本活动的目标中包括"感受与爸爸、妈妈一起阅读的乐趣"，但在活动过程中这一目标体现得却不明显，教师在活动过程中可以尽量增加亲子阅读这

一环节的时间。在亲子阅读时，可以让幼儿自己把绘本的内容讲给家长听，家长在旁指导，这样活动效果会更好。

第四节 幼儿园大班语言领域案例

活动1：拍花箩

厦门吕岭幼儿园 曾丽敏

【活动目标】

1. 能根据儿歌图卡阅读图画书，念儿歌玩游戏。
2. 体验儿歌游戏的快乐情绪，感受儿歌的韵律美。

【活动重难点】

活动重点：幼儿在念念唱唱之间自然学习了"一"到"十"的数的概念。
活动难点：体验并学习念唱这首儿歌中从头到尾以"呀"押韵的句式。

【活动准备】

1. 教学大书《拍花箩》《拍花箩》的VCD一盘。
2. 图纸表格一张。
3. 汉字"一"到"十"及对应数量的形象儿歌图卡10张。

【活动过程】

（一）导入活动：观察封面及扉页

1. 出示读本，介绍书本的名称。
师：今天老师带来一本很好看的大书——《拍花箩》。
2. 观察扉页，引出儿歌游戏。
师：原来啊，她们是在玩"拍花箩"的游戏呢！这本拍花箩的书很特别，它能把小朋友们看到的图画变成一首好听的儿歌呢！你们听：
"拍呀，拍呀，拍花箩呀，红草地呀，绿马车呀。"

（二）大书导读

引导幼儿观察、理解图书内容
师：你们看到了哪些好玩的事情？有几只动物在做什么？

(教师有目的地引导幼儿寻找到隐藏在图片当中的角色、数量、事件的线索。)

师：（第四页）刚才我们看到的三，接下来会是什么呢？你们知道吗？

(活动中教师发现幼儿因为前四幅图在大书导读中是起着"承上启下"的作用，幼儿在后面六幅图片中就可以迁移前面四幅图片的经验。在这种情况下，教师让幼儿进行猜测，能有效地对幼儿掌握的知识进行梳理。在整个阅读大书活动中，教师有目地的提问激发幼儿积极思考，观察画面后师幼进行有效的互动，每次问题后教师及时进行梳理，让幼儿感受到儿歌中隐藏的韵脚，为下面活动做了铺垫。)

（三）小书自主阅读

1. 在激发幼儿对图书兴趣的基础上，引导其进行自主阅读并强调阅读习惯。

（1）运用表格、图卡引导幼儿用记录关键信息的方法阅读图画书。

师：你们瞧，今天大书里面的小动物们变成了好看的卡片宝宝来和我们做游戏了。让我们一起来玩吧！

师：我们的图片宝宝害羞躲起来了，让我们一起来看看吧！

（图卡呈现背面，老师逐一念儿歌并翻出正面图卡，帮助幼儿整理复习儿歌信息。）

数字	对应图片	数字	对应图片
1 一		6 六	
2 二		7 七	
3 三		8 八	
4 四		9 九	
5 五		10 十	

（2）问答游戏。

游戏规则：老师和幼儿互相进行儿歌问答。

师：你们先来考考曾老师。

师幼：拍呀，拍呀，拍花箩呀，红草地呀，绿马车呀。

（用简单的符号提示幼儿，幼儿在后来阅读儿歌时，自然便能熟练掌握方式方法了。利用拍手的节奏，让幼儿更好地掌握儿歌中隐藏的韵脚，并引导幼儿在念念唱唱之间自然学习了"一"到"十"数的概念从。通过抽取读本里面每页图片中的关键信息做成图卡，运用一问一答的游戏方式提高幼儿阅读的快乐情绪，感受儿歌带来的美。）

（四）聆听 VCD 朗诵，引导幼儿尝试同 VCD 一起表演儿歌

结合《拍花箩》的 VCD 音乐，进一步体验游戏儿歌的快乐情绪。

师：拍花箩不但好听，而且很好玩，我们一起来看看它们是怎么玩的。（模仿视频，玩拍花箩，让幼儿对儿歌有完整的欣赏。）

【活动效果评析】

拍花箩是一个传统的游戏，也是一首朗朗上口的儿歌。儿歌是在乳儿的摇篮旁伴着母亲的吟唱而进入儿童生活的，是儿童时期耳熟能详的旋律。孩子们随着年龄的增长，由感知到模仿，最终学会诵唱儿歌，并从中获得审美享受。《拍花箩》是首节奏明快易唱、语言风趣活泼的民间儿歌，结合简洁明了的图书画面，适合大班幼儿阅读学习。《拍花箩》采用了问答调的格式——"你拍几呀？我拍一呀，一只蜗牛上楼梯呀"——让幼儿在拍手念唱中一问一答的发展儿歌的情境，这样就给幼儿提供了很好的游戏参与机会。同时，《拍花箩》还是一首有趣的数数歌，从"一"到"十"，随着活动情景的变化，幼儿在念念唱唱之间自然学习了数的概念。这首儿歌从头到尾以"呀"押韵，具有语言游戏的幽默感，可增加幼儿念唱的趣味。同时这本书的插图色彩非常明朗鲜艳，画面构图具有动感和生命力，创造出与游戏儿歌内容相辅相成的画面情境，扩展了幼儿想象的空间。

本次活动教师把目标主要定位在体验儿歌游戏的快乐情绪，感受儿歌的韵律美。教师在活动设计中通过大书导读，让幼儿了解"拍花箩"是个儿歌游戏，激发幼儿学习兴趣。在幼儿感兴趣的基础上让幼儿自主阅读、自主观察画面。在熟悉图书内容的环节中，教师采取了向幼儿提出要求，让幼儿自主阅读的方式导入，然后提问："你看到书里有什么？有几个？他们在做什么？"然后教师再和幼儿一起阅读，帮助幼儿理解图书内容。最后通过游戏环节、表格、图卡等策略的运用，有意识引导幼儿在观察中提高阅读能力，在游戏中畅想儿歌，体验拍花箩带来的快乐情绪。

【活动建议】

大班的幼儿相对小中班的幼儿来说其认知更加完善，情感更丰富。因此，本活动除了

让幼儿"学习根据儿歌图卡阅读图画书,念儿歌玩游戏""体验儿歌游戏的快乐情绪,感受儿歌的韵律美"外还可以进行儿歌的创编,发展幼儿的想象力。

活动2:"红苹果"

河北省永清县县直幼儿园　王索梅

【活动目标】
1. 看懂图意,能连贯的讲述图画内容。
2. 能对画面提问题,并学会解答。
3. 了解对话框的含义,能用自己的话表达故事情节中的对话。
4. 懂得遇到困难要积极动脑想办法,互相帮助。

【活动准备】
挂图《红苹果》、《语言》书上册13页、对话框若干。

【活动过程】
(一)谈话导入,引出故事
师:小朋友,你们见过小刺猬吗?它长得什么样子?(找小朋友回答。)
幼:圆圆的身子,满身是刺,尖尖的嘴巴……
师:那你们喜欢小刺猬吗?今天我给小朋友带来了一个关于小刺猬的故事你们想不想听一听?
(二)出示图片,引导幼儿观察、发现问题,自己在图片中找到答案,并按正常顺序讲述
师:我们先来看一看这张挂图,你们在第几幅图发现了什么问题?谁能知道这是为什么?
1. 引导幼儿观察每一幅图,说出每幅图中都有谁?在什么地方?在干什么?它们可能在说什么?
2. 让幼儿按排列的顺序讲述。
师:哪个小朋友能把这四幅图连起来讲一讲呢?
3. 教师和幼儿一起讲述故事内容。
师:我们一起来讲一遍这个故事吧!
(三)认识说话框
1. 教师向幼儿简单介绍说话框的意义。
师:今天我还给小朋友带来了一件好玩的东西,你们看它是什么?这可不是普通的白纸

做的长方形,它在我们的语言书里经常可以看到,比如说书上这个鼠标娃娃用手指着这儿,它在干什么呢?它在跟我们说话,所以这个标志就是用来说话的。这个小箭头指着谁就是谁在说话。你心里想的、嘴上说的都可以写在这里,我们叫它说话框。

2. 使用说话框。

师:我们一起来试一试说话框的功能好不好?我先说你们来看是哪幅图?是谁说的话?(幼儿回答,教师把说话框放在图片上。)

——哎呀!好大的苹果呀!(第一幅图,小蚂蚁的话。)

——小蚂蚁,你们在干什么?(第二幅图,小刺猬的话。)

——我们看到了一个大苹果。(第二幅图,小蚂蚁的话。)

——看我的,嘿!(第三幅图,小刺猬的话。)

——我来帮你们。(第四幅图,小刺猬的话。)

——太好了,太好了!(第四幅图,小蚂蚁们的话。)

——嗨哟,嗨哟,嗨哟!(第二幅图,小蚂蚁的话。)

——谢谢你小刺猬!(第三幅图,小蚂蚁的话)

——不用谢!(第四幅图,小刺猬的话。)

3. 打开语言书,幼儿自己用说话框讲故事,教师做指导。

师:接下来小朋友打开自己的语言书,两个小朋友一组,用说话框来讲一下书上的故事好吗?

(四)教育幼儿要做一个乐于助人的好孩子

师:小朋友们真棒,说话框用得真好。我想问小朋友们个问题,你们喜欢故事中的谁呢?为什么?

师:我们要向小刺猬学习,在别人需要帮助的时候帮助他,做一个乐于助人的好孩子。

(五)故事接龙游戏

教师先讲一幅图,再找幼儿接着讲。

(六)给故事起名字

师:我们的故事讲完了,但是这个故事还没有名字呢?谁来给它起一个好听的名字?(小刺猬、红苹果、互相帮助等)

【活动延伸】

师:故事接龙的游戏好玩吗?今天我们就先玩到这,回家以后我们再跟爸爸妈妈一起玩好吗?那让我们跟客人再见吧!

【活动效果评析】

　　幼儿的语言发展随着年龄的增长而不断发展，大班幼儿的语言表述一般要达到的目标是"能连贯的讲述故事以及对图片和物品的认识""能主动大胆地使用适当的词、句、语段来表达，乐于参加讨论，敢于发表不同的意见"。在本活动中，教师通过出示图片，引导幼儿观察、发现问题，让幼儿自己在图片中找答案，并按正常顺序讲述，一方面锻炼了幼儿的观察能力，另一方面也培养了幼儿的语言表达能力。同时，故事接龙游戏、给故事起名字等环节也加深了幼儿对故事内容的理解。而说话框的引入，更激起了幼儿参与活动的积极性。另外，在这个活动中还自然融合了互相帮助、团结合作的道德教育。

【活动建议】

　　本活动中教师采用了挂图的形式对故事进行讲解，这符合幼儿具体形象思维的特点。这里除了采用图片的形式外，也可以采用多媒体的形式呈现故事内容。活动中教师设置了"懂得遇到困难要积极动脑想办法，互相帮助"这样的活动目标，但在活动过程中这个目标的实现情况并不理想，因此，教师还应设置相应的活动，来实现活动中的情感目标。

　　附：故事《红苹果》

　　草地上，有一棵苹果树，秋天到了，树上结满了红红的苹果。一阵风吹来，树上掉下来一个又大又圆的红苹果，两只小蚂蚁看见了这个红苹果，急忙高兴地从树上爬下来。

　　两只小蚂蚁想把这个大苹果运回家跟好朋友们一起吃，他们使足了劲一起推。嗨呦、嗨呦、嗨呦……可是累得满身都是汗还是没有推动大苹果。"这可怎么办呢？"两只小蚂蚁正在发愁，这时一只小刺猬笑嘻嘻地走了过来。

　　小刺猬问："小蚂蚁，你们在干什么？"两只小蚂蚁一起回答："我们看到一个大苹果，想把它运回家，可是它太大了怎么推也推不动。"小刺猬笑着说："让我来帮你们把它送回家吧。"于是小刺猬把身体团成一个球，使劲地朝着苹果滚去，用身上的刺使劲地扎苹果，两只小蚂蚁高举着拳头为小刺猬加油。

　　红苹果牢牢地背在了小刺猬身上，小刺猬和小蚂蚁都高兴极了。小刺猬对小蚂蚁说："你们也到我背上来吧，我驮着你们回家。"于是两只小蚂蚁爬到红苹果上让小刺猬驮着它们走。一路上它们高兴地唱着歌，不一会就到家了，这时蚂蚁的朋友们都来到门口接他们，看到小刺猬驮着它们，都夸小刺猬是个爱助人为乐的好朋友。

活动 3：母鸡罗斯去散步

北京市顺义区裕龙幼儿园　李贺

【活动目标】

　　1. 对绘本故事感兴趣，敢于与他人交流想法。

2. 仔细观察画面，能大胆表达自己对故事内容的发展的理解。
3. 在了解故事情节的发生、发展基础上进行猜想，细致观察能力得到培养。

【活动准备】

1. 物质准备：多媒体课件、视频、小图片人手一份。
2. 经验准备：有自主阅读的经验。

【活动过程】

（一）导入部分

谜语导入，激发幼儿参与活动的兴趣。

"身穿花锦衣，是鸡不打鸣，每天咯咯咯，孵蛋一个个。"

（二）新授部分

1. 看视频：看"母鸡罗斯去散步"的视频资料，请幼儿仔细观察，大胆表述。

（1）提问：请幼儿说一说母鸡罗斯生活的环境是什么样的？散步的路线是什么样的？（有院子、池塘、草垛、磨坊、篱笆、蜂箱）

（2）引导幼儿观察除了母鸡罗斯，又出现了什么动物？他们之间会发生什么事情？狐狸在想些什么？母鸡罗斯知道狐狸的存在吗？

2. 播放PPT，请幼儿具体讲述图片内容，并对故事情节进行大胆猜测。

（1）母鸡罗斯在不同地点（院子里、池塘边、草垛旁、磨房、篱笆边、蜂箱）和狐狸发生了什么事情？狐狸在想什么？他抓到母鸡罗斯了吗，为什么？

（2）你认为母鸡罗斯知道狐狸的存在吗？狐狸最后抓到母鸡了吗？为什么？

3. 分组活动。

将幼儿分成六组，将不同场景的小图片分发到不同的小组，分组看图片讲故事，并推选出一名小组成员代表每组幼儿对本组的场景故事进行讲述。

（三）结束部分

再次播放视频资料"母鸡罗斯去散步"，让幼儿在轻松愉快的气氛中再次感受故事情节，理解故事内容。

【活动延伸】

1. 回收幼儿所用的小图片，投放到图书区供幼儿自由阅读。
2. 休息时幼儿可分组进行角色表演。

【活动效果评析】

活动目标是整个活动的起点和归宿，对活动起到向导的作用。幼儿园语言活动的根本目的在于发展幼儿的语言理解和表达能力，培养其良好的语言表达和阅读习惯。因此，在本次语言活动中，教师分别从情感、认知、能力三方面出发，制定了活动目标。

在环节安排上，本次语言活动教师注意环环相扣、层层递进、步步深入。首先由教师谜语导入，接着播放视频资料，以动态形式请幼儿自己欣赏并初步了解故事内容，接着教师根据故事内容提出问题，幼儿进行自主思考。然后引导幼儿分组讨论，下发不同场景的图片进行故事情节猜想与讲述。最后再次播放视频资料，加深幼儿对故事内容的理解。这样设计的目的在于使幼儿得到更多思考与表达的机会，幼儿的自主性和主动性得到了发展，因此，幼儿在活动中的参与性加强了。

在教学方法的选择上，此次语言活动中教师利用视频、图片课件演示法等多种教学方法，以视频动态形式导入，充分调动幼儿参与活动的积极性，用最直观、生动的方式让幼儿理解故事的内容，最大限度地发散幼儿思维，让幼儿在轻松愉快的气氛中感受活动的快乐。

【活动建议】

《母鸡罗斯去散步》是一个绘本故事，活动中教师采用了课件和视频，激发了幼儿参与活动的兴趣。考虑到幼儿的身心发展水平，对大班的幼儿来说，除了要能用普通话清楚地讲述故事的内容，能理解故事内容外，还应注意幼儿对故事仿编、创编能力的培养。因此，在本活动中可以设置一个仿编和创编故事的环节，锻炼幼儿的思考力和语言表达能力。

活动4：握握手（第一课时）

江西省瑞金市直属机关幼儿园　黄素华

【活动目标】

1. 让幼儿了解四季的自然交替及其明显的特征。
2. 尝试通过游戏的形式创编游戏儿歌，体验儿歌游戏的快乐。

【活动准备】

多媒体课件《握握手》，春天、夏天、秋天、冬天四个娃娃，相应头饰等。

【活动过程】

（一）谈话导入

1. 教师：四季妈妈有四个娃娃，你知道它们是谁吗？（引导幼儿说出：春天、夏天、秋天、冬天。）

四季妈妈每年都会让他们一个一个出来玩，你知道它最先让谁出来玩吗？（春天娃娃，教师出示春天娃娃）春天来了，我们的生活、我们的周围会发生什么变化呢？

个别提问后教师小结：春天来了，天气逐渐暖和起来了，春雨沙沙下个不停，小草、树枝都长出了嫩绿的新芽，桃树、梨树都开花了。农民伯伯忙着播种，处处都呈现出勃勃生机。

2. 教师：春天娃娃玩累了，四季妈妈叫它回家去了，接下来四季妈妈会让谁出来玩呢？（夏天娃娃，教师出示夏天娃娃）春天娃娃回家了，夏天娃娃出来玩了，那夏天来了，我们的生活、我们的周围又会发生什么变化呢？

个别提问后小结：夏天到了，池塘里的荷花开了，树上的枝叶已经长得很茂盛了，知了趴在树上"知了、知了"地叫个不停，天气变得非常炎热。有的人喜欢躲在大树底下乘凉，有的人躲在家里吹电风扇、吹空调。小朋友穿着短衫短裤也满头大汗，只好用西瓜、冰激凌来解暑。

3. 教师：四季妈妈看到大家都热得很难受，连忙把夏天娃娃叫回家，夏天娃娃回家了，四季妈妈又会让谁出来玩了呢？（秋天娃娃，教师出示秋天娃娃）为什么呢？（夏天过去了就是秋天）。夏天过去了，秋天来了，那小朋友看到的秋天是什样的呢？

个别提问后教师小结：秋天来了，菊花开了。叶子黄了，一片片从树上落下来，地里的庄稼、果园里的果子都成熟了，真是一个丰收的季节呀。

4. 教师：秋天娃娃玩累了，也回家了。四季妈妈又会让谁出来玩呢？（冬天娃娃，教师出示冬天娃娃）秋天过去了，冬天来了，你眼里的冬天是什么样子的？

个别提问后教师小结：冬天到了，树上变得光秃秃的，小朋友穿上厚厚的棉袄在雪地里堆雪人、打雪仗、玩得真开心。

冬天娃娃累了，也回家了。新的一年又开始了，四季妈妈又让春天娃娃出来玩，再是夏天娃娃，再是秋天娃娃、冬天娃娃，四个娃娃就这样循环反复地交替着。

（二）尝试创编游戏儿歌

1. 教师：有一天，这四个娃娃聚在一起做游戏，小朋友看看它们在做什么游戏？
2. 播放动画《握握手》，幼儿欣赏。

师：他们在做什么游戏？（握握手）

师：它们是怎样握手的呢？谁最先出来？（春天）春天握着谁的手？（夏天）你能把这句话说完整吗？谁能接着往下说？

幼儿说到哪就播放哪个娃娃握手的动画。

师：冬天娃娃会握谁的手？（春天）为什么？（冬天过去了，新的一年又开始了，春天又来了，所以冬天握着春天的手）。

这四个娃娃一边跳一边说："我们相互握握手，大家都是好朋友。"小朋友一起把四个娃娃游戏的儿歌念一遍吧！看谁最能干，念得最好听。

（三）分发头饰，组织幼儿进行游戏

师：小朋友们想玩握握手的游戏吗？老师这里有四个娃娃的头饰，它们分别是春天娃娃、夏天娃娃、秋天娃娃、冬天娃娃，游戏怎么玩呢？老师请三个坐好的小朋友上来分别扮演这几个娃娃，游戏开始，小朋友先在自己的位置上看看自己是哪个娃娃然后把头饰戴好，再请春天娃娃找到夏天娃娃，夏天娃娃找到秋天娃娃，秋天娃娃找到冬天娃娃。四个娃娃按春、夏、秋、冬的顺序站成一个圆圈，最后全班的小朋友一起念儿歌，圈上的幼儿根据儿歌内容进行游戏。

（四）在游戏中结束活动

【活动效果评析】

儿歌《握握手》选自学前儿童分级阅读能力培养用书中的《念儿歌 读童谣》第3级，讲述的是春、夏、秋、冬四季的变化，文中充满了想象，即把四季想象成四个不同的精灵，四季的交替就像是它们在手牵手跳舞、游戏一样，显得美好而富有诗意。大班幼儿对于春、夏、秋、冬四季的基本特征已经有了一定的认识，相关的生活经验也不少，在活动的第一部分即谈话时，孩子们因为这一方面的经验足，所以很乐意把自己对四季的认识描述出来，而且有很大一部分的小朋友能做到语言丰富、文字优美。教师真正地给他们创设了一个自由、宽松的他们想说、敢说、喜欢说、有机会说并能得到积极应答的环境。活动的第二个环节，在引导幼儿创编儿歌时，幼儿能大胆、清楚地表达自己的想法和感受，发展他们的语言表达能力和思维能力。活动的第三个环节幼儿在游戏中习得、巩固了他们自己的创作结果，整个活动环环相扣，做到了寓教于乐。

【活动建议】

《握握手》这首儿歌（第一课时）的重点是"让幼儿了解四季的自然交替及其明显的特征"，为了完成这一目标，教师通过呈现图片、提出问题、教师小结的方式让幼儿了解四季。为了让幼儿对四季的明显特征有更深入的理解，教师在用语言总结时，可同时呈现相关的图片，这样更符合幼儿的认知发展水平。针对大班孩子的年龄特点，在谈话导入活动这一环节，教师可以让幼儿起来对春、夏、秋、冬的特点进行总结，锻炼幼儿的语言表达能力。

附：儿歌《握握手》

　　　　春天握着夏天的手，
　　　　夏天握着秋天的手，
　　　　秋天握着冬天的手，
　　　　冬天握着春天的手，
　　　　我们相互握握手。

活动 5：创编故事 —— 小老鼠"淘淘"

北京市西城区虎坊路幼儿园　杨静

【活动目标】

1. 细致观察小老鼠的不同动作、表情，运用恰当的词汇进行描述。
2. 大胆创想故事情节，创编小老鼠的故事。
3. 将自己的想象运用图画方式记录，并连贯清楚地完整讲述故事。

【活动重、难点】

重点：理解词汇意义，并掌握运用。
难点：能够针对呈现的画面，进行大胆的想象。

【活动准备】

展板、图片四幅、绘画纸（A3）、碳素笔。

【活动过程】

（一）观察图片，词汇描述

师：有一只可爱的小老鼠叫淘淘，这里有四张淘淘的照片，我们来看一看。（出示四幅图片，供幼儿细致观察。）

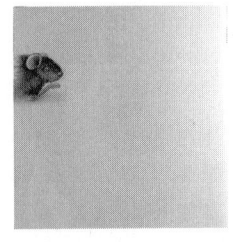   

师：仔细看看淘淘的动作和表情，用合适的词描述淘淘的样子。（丰富幼儿的词汇。）

1. 小心翼翼、偷偷地、悄悄地、偷偷摸摸……
2. 观察、张望、寻找、远望、东张西望……
3. 害怕、紧张、惊慌、惊恐、恐惧、惊吓……
4. 手舞足蹈、欢笑、快乐、高兴、兴奋……

（二）依据图片，创想情节

师：这四张照片是在小老鼠淘淘身上发生的故事，一起来仔细看看、想想。（给幼儿观察思考的时间，形成完整的印象。）

师：我们说一说吧。
提问：（图一）它在哪儿？猜猜它要做什么？
（图二）它来到了什么地方？发现了什么？
（图三）突然发生了什么事？
图四 刚才还很害怕的小老鼠为什么又高兴了呢？（会因为什么呢？）

（三）集体绘画故事
师：请你把小老鼠淘淘的故事画下来。

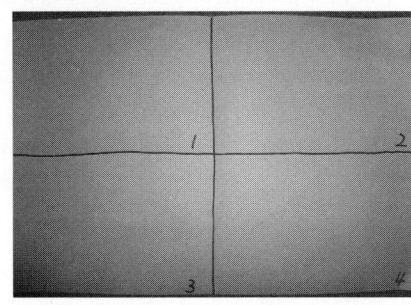

在教师的语言提示下，逐幅依据自己的想象，用绘画记录故事。幼儿讲述自己的故事。
请2～3名幼儿将绘画记录展示在黑板上，并运用掌握的词汇，清楚、连贯、完整地讲述故事。
讲述后进行适宜的评价。（幼儿互评，教师归纳提升知识经验。）

（四）活动小结
为自己编出的小老鼠的故事感到自豪。
把今天的故事带给你的家人，共同分享。

【活动延伸】
1. 跟家人分享故事，家长帮助记录幼儿的讲述，促进"家"与"园"的有效互动。
2. 平时的语言活动中，加深巩固幼儿对词汇的理解，鼓励幼儿在语言表达中正确的运用。
3. 此次活动后，请幼儿自主的任意排列图片顺序，重新建立图片之间的联系，进行新的故事创编活动。

【活动效果评析】
大班幼儿已经具备了较好的观察能力，而且在语言表达方面能够运用一些词汇和句式进行描述。在想象能力方面亦有了一定的基础，他们能结合自己的生活经验进行大胆的想象，并思考想象内容的逻辑性、合理性，可进行自我调节。
此活动的图片选自四本不同的无字书。因为角色的动态、表情各具特征，有利于幼儿的

观察、猜想而组合在一起，图片之间暗含一定的情节发展联系。此活动的目的就是幼儿通过观察图片，建立联系，积极讨论、引发想象，并结合画面合理地创编故事情节。

本活动在指导方法上运用了图片内隐联系法、图示记录再现法。图片内隐联系法是教师选取图片，引导幼儿观察，寻找图片之间的紧密联系，启发孩子用角色、情景、情节等因素将图片内容连接，进行编讲故事。而图示记录再现法是幼儿在教师的提示下，独自想象后通过绘图的方式记录表现。这种方法的特点：每个幼儿的记录各具特色，是个性化的表现方式，体现的是幼儿最真实的想法。

整个活动在教师启发式提问及提示性引导的支持下，幼儿主动地进行大胆想象，独自完成绘画记录，并依照图示记录清楚完整地讲述自己创编的故事。

【活动建议】

本次活动是一个创编故事，因此，应将活动的重点放在对故事内容的创编上。在活动环节的安排上，应给幼儿创设适宜的环境，让幼儿有时间进行创编，发挥幼儿的想象力，促进幼儿对故事内容的理解。

第三章 幼儿园健康领域案例

第一节 幼儿园健康教育的目标、内容和指导要点[①]

健康教育的主要目的是增强幼儿体质,培养健康生活的态度和行为习惯。其具体目标如下:

一、幼儿园健康教育的目标

(1)适应幼儿园的生活,情绪稳定。
(2)生活、卫生习惯良好,有基本的生活自理能力。
(3)有初步的安全和健康知识,知道关心和保护自己。
(4)喜欢参加体育活动。

二、幼儿园健康教育的内容

(1)建立良好的师生、同伴关系,让幼儿体验到幼儿园生活的愉快,形成安全感、信赖感。
(2)帮助幼儿养成良好的饮食、睡眠、盥洗、排泄等个人生活卫生习惯和爱护公共卫生的习惯。
(3)指导幼儿学习自我服务技能,培养基本的生活自理能力。
(4)开展多种有趣的体育活动,特别是户外的、亲近大自然的活动,培养幼儿积极参加体育锻炼的积极性,并提高其对环境的适应能力。
(5)密切结合幼儿的生活和活动进行安全、保健等方面的教育,以提高幼儿的自我保护能力。
(6)在走、跑、跳、钻、爬、攀等各种体育活动中,发展幼儿动作的协调性、灵活性。

[①] 教育部基础教育司:《〈幼儿园教育指导纲要(试行)〉解读》,江苏教育出版社2002年版,第30-31页。

三、幼儿园健康教育的指导要点

（1）教师应该把保护幼儿的生命和促进幼儿的健康放在教育工作的首要位置。

（2）身体的健康和心理的健康是密切相关的，要高度重视良好人际环境对幼儿身心健康的重要性。

（3）幼儿不是被动的"被保护者"。教师要尊重幼儿不断增长的独立需要，在保育幼儿的同时，帮助他们学习生活自理技能，锻炼自我保护能力。

（4）体育活动要尊重幼儿身体生长发育的规律和年龄特征，不进行不适合幼儿的体育活动项目训练。

第二节　幼儿园小班健康领域案例

活动1：心情娃娃

博兴湖滨镇中心幼儿园　穆桂珍

【活动目标】

1. 能够结合"心情卡"讲述自己的心情故事。
2. 初步感知他人的情绪变化，学习调节自我情绪的简单策略。

【活动准备】

1. 剪好的圆形心情卡片、彩笔。
2. 小镜子每人一个。

【活动过程】

（一）开始部分——谈话引出课题

师：今天你的心情是怎样的？请你把你现在的心情告诉我？

（二）基本部分

1. 观察心情卡，了解高兴、伤心等不同的情绪，讲述自己的心情。

（1）出示心情卡（高兴的表情）。

师：小朋友看一看这个娃娃怎么了？他为什么这么高兴？他有可能怎么了？（幼儿根据自己的生活经验自由讲述：妈妈给他买新衣服了；妈妈带她去动物园了；妈妈让她玩电脑了；等等。）

师：在生活中你有没有过高兴的事情？请你说给大家听。

（2）出示心情卡（伤心的表情）。

师：小朋友看一看这个娃娃怎么了？他为什么这么伤心？（幼儿根据自己的生活经验自由讲述：没有朋友和他玩；他找不到妈妈了；等等。）

师：你有没有过伤心的事情？请你说给大家听。

2. 引导幼儿讨论遇到生气或伤心的事情会怎样，学习几种调节自我情绪的简单策略，知道愉快的心情有利于身体健康。

师：你觉得高兴好还是伤心好？（高兴）

师：如果遇到伤心或是生气的会怎样做？（唱歌、跳舞、玩玩具等）

教师小结：如果人经常的伤心、生气会对身体不好，所以小朋友们要学会让自己快乐起来，比如：找好朋友玩；自己玩玩具；唱歌、跳舞都是让自己变快乐的好方法。

3. 师幼共同做表情游戏：幼儿照镜子。听教师指令做不同的表情，如"变变变、我变得很快乐……"

4. 制作心情卡。

师：你现在的心情是怎样的？请你动手制作一个心情卡。

（为幼儿发心情卡，指导幼儿用彩笔画上眼睛、鼻子、嘴巴。）

师：想想现在的心情是高兴？还是伤心？仔细观察高兴时眼睛、嘴巴怎样？生气时什么样子？

（三）结束部分

把自己制作的心情卡图片布置成心情墙，幼儿讲述自己的心情。

【活动延伸】

和幼儿创建一个心情区角——"让我变快乐"，在区角中放有和小伙伴一起合做游戏的道具、图片等，让幼儿在自己的好朋友之间找到快乐，帮助好朋友找到快乐。

【活动效果评析】

本节活动通过观察心情卡，让幼儿了解了他人及自己心情的变化，知道心情好坏对自己的身体影响是很大的，要学会调节自己的情绪。在和孩子们谈话的过程中听到他们说得最多的是高兴的时候玩电脑，现在有的孩子玩电脑已经上瘾，如果处理不好会影响孩子们的身体健康。在活动中教师提醒孩子们电脑不要多玩，并且学会当妈妈不让玩电脑时，自己应怎样处理自己的情绪，收到了好的效果。通过动手制作可以看出，幼儿对各种表情掌握得很好，这对其以后的生活有很大的帮助。

【活动建议】

"心情娃娃"是一个针对小班的健康活动，根据小班儿童的年龄特点可知，对于3岁左右

的幼儿来说，只能了解最基本的情绪，如高兴、伤心等。在活动导入部分，为了让幼儿在表达自己心情时做到有话可说，教师在活动开始部分，可以通过相应的故事或儿歌的形式导入活动，这样更易于幼儿的理解，也更能激发幼儿参与活动的兴趣。

活动 2：圈圈乐

博兴县湖滨镇中心幼儿园　下莹雪

【活动目标】

1. 探索圈的不同玩法，在游戏中培养幼儿创新精神及初步的合作意识。
2. 练习钻、跳、平衡等基本技能。

【活动准备】

1. 幼儿用的小圈、沙包若干、平衡木、小椅子、纸箱。
2. 欢快的背景音乐磁带。

【活动过程】

（一）热身运动

师幼共同做圈操，活动身体各关节，做活动前准备。

师：（听音乐入场）小朋友们，今天老师给小朋友们带来一件宝贝，小朋友们想不想看一下啊！

幼：想。

师：（出示圈）你们看这是什么？

幼：圈。

师：今天我们就和圈来活动一下我们的身体吧！每个小朋友拿一个圈，跟着音乐一起来活动。

（二）提供材料，自由探索

1. 幼儿自由玩圈。

师：小朋友们，刚刚老师带你们做的是圈操，这个圈除了做圈操以外，还可以怎么玩？现在找个空点的地方和你的朋友一起去玩玩。看看和别的朋友玩得有什么不一样。

师：小朋友发现了这么多玩法，我们一起来学一下吧！来，每人拿一个圈，找一个空闲的地方站好！（幼儿自由探索各种玩圈方法：跳圈、滚圈、转圈、套圈、做汽车的方向盘等。）

2. 教师仔细观察，邀请幼儿上来展示各种玩圈的方法，互相启发交流。

3. 组织幼儿玩"运粮食"的游戏。

师：小朋友们，今天来了一位朋友小熊，它知道小朋友们都喜欢帮助人所以想请小朋友们帮一个忙。它家的粮食在别人家里，今天想把这些粮食运到它家的粮仓里，但是必须钻过山洞（将圈立起来，可用两把小椅子辅助）、跳过小土坑（两个圈紧挨着依次摆好）、走过小桥（平衡木）才能到达粮仓（纸箱）。

教师示范玩法：各组幼儿手拿沙包从起点出发，依次钻过"山洞"，跳过"小土坑"，走过"小桥"，将手中的"粮食"（沙包）送到"粮仓"，然后跑回起点。

（三）放松运动

师幼一起随音乐放松身体。

师：今天我们帮助小熊运粮食，累了吧，我们一起休息吧！转转膝盖！加上手的动作慢慢地走一走，腰转一转、头转一转、深呼吸。哎，小朋友们，外面天气真好，我们出去再运动一下吧！活动结束。

【活动效果评析】

小班幼儿的基本活动能力比较差，动作不够平稳、灵活和协调。而单纯让他们跑跑、跳跳对幼儿来说没有太大的兴趣，也得不到更好的发展。小班的孩子虽然不会转圈，但他们非常喜欢跟圈做游戏。所以在本次活动中，教师以玩圈为主线，根据小班孩子的年龄特点，先让孩子自由探索，再集体练习。在玩的过程中不断发现圈的多种玩法，孩子们互相学习、分享，大大提高了孩子玩圈的兴趣。教师适时引导孩子进行钻、跳的集体游戏，让幼儿在愉快、合作的氛围中，既愉悦了身心又发展了一定的动作技能。为了让孩子们玩出新花样，教师启发幼儿一物多玩，培养幼儿的创造力和探索精神，发展幼儿身体的协调能力以及合作精神。通过这节活动也能够锻炼孩子的钻、跳、平衡的能力。这次活动比较成功。

【活动建议】

"圈圈乐"作为小班健康领域的一个活动，其主要的目的之一是通过幼儿"玩圈"发展幼儿的基本技能，因此，本活动对活动场地有较高的要求，为了达到更为理想的结果，该活动宜在操场上进行，这样幼儿有更为广阔的活动空间，更利于活动的开展。

活动3：健身球

遵义市红花岗区机关幼儿园　彭锦

【活动目标】

1. 探索健身球的多种玩法。
2. 体验多种游戏的乐趣，练习幼儿的走、跑、跳、扔等技能。

【活动准备】

《健身歌》、每人一个健身球。

【活动过程】

（一）热身运动——引起幼儿对健身球的兴趣

播放音乐《健身歌》，教师带领幼儿手拿健身球做运动，做头颈运动、扩胸运动、跳跃运动、活动手腕、脚腕、膝盖。

（二）幼儿大胆尝试健身球的多种玩法

1. 尝试健身球的玩法。

师：小朋友手里都拿了一个健身球，别看它长的小，它有很大的作用呢！教师示范动作，健身球能当作按摩器敲打身体。（幼儿模仿。）

那么你们想一想，健身球还有什么好的玩法呢？玩的时候可以自己玩，也可以找好朋友一块玩，看谁的玩法最多。（幼儿进行尝试活动，教师仔细观察幼儿的尝试活动，一方面发现有创意的玩法要及时给予肯定及表扬，另一方面有目的、有意识地引导帮助有需要的幼儿尝试新玩法。）

2. 讨论健身球的新玩法，并示范交流。

师：小朋友们真棒，玩的花样真多，请小朋友来表演一下，你是怎样玩的？

请若干名玩得较有创意的幼儿表演新玩法，鼓励其他幼儿互相学习，集体模仿。

3. 引导幼儿合作游戏，集体探索健身球游戏。

师：小朋友们真聪明，想出了这么多的玩法，让我们一起来玩一玩。（幼儿练习，教师指导。）

（1）踢足球：健身球变变变，变成足球我来踢。

立正站好，手拿健身球，用右脚的内侧往斜前方踢，加大难度，手拿健身球，一只脚内侧踢完，换另一只脚的外侧踢，来回循环，看谁踢得最多。

（2）双膝夹球跳：双膝将球夹住，匀速跳跃行走，中途不能掉球要夹住。

（3）跳跃健身球：把健身球排成一排，幼儿依次跳过，练习单、双脚跳。

（4）手拿健身球，看谁扔得最高。

师：除了这样玩，你觉得还可以怎么玩？请小朋友再想一想，看谁想的玩法多？（鼓励幼儿用各种方法玩健身球，发挥自己的想象力，想出和其他小朋友不一样的玩法，但是要注意，在抛、踢、扔、投健身球的时候，不要打到其他小朋友。）

（三）放松活动

师：小朋友，今天我们和健身球做了这么多好玩的游戏，让我们来放松一下吧！幼儿把健身球整理好并带回教师。

【活动效果评析】

看似简单的一节课,一个小小的健身球,却引起了孩子的极大兴趣。在探索的过程中,积极挖掘健身球的各种玩法是很有益处的,但在实践的过程中,单、双脚踢是幼儿最难掌握的一个环节。由于幼儿没有接触过,在踢的过程中,节奏是很难把握的。和跳绳不同,健身球有一个缓冲的过程,必须等球回来再踢下一个,双脚踢最难的是,幼儿动作不协调,无法很好地用脚的外侧踢球,幼儿在夹球跳的过程中,能够双脚跳起,只有个别幼儿掉球。总体上,本活动发展了幼儿的走、跑、跳、扔、踢等方面的技能,让幼儿得到全面的发展。在各个环节串联的过程中,让幼儿自由探索健身球的玩法,以避免过渡时幼儿转移注意力。本节课,幼儿在玩中探索,在探索中得到实践,对健身球的玩法和认识有了初步的了解,也得到身体上的锻炼和智能上的提高。

【活动建议】

"健身球"是小班的一个活动。根据小班幼儿动作发展特点来说,在本次活动中要求幼儿单脚跳过健身球难度过大,幼儿很难完成。3岁儿童的年龄特点决定了活动内容的选择,在活动过程"引导幼儿合作游戏,集体探索健身球游戏"这一环节,教师总共设计了4个游戏活动,对小班幼儿来说活动量过大,教师可以根据具体情况选择1~2个游戏活动。

活动4:朋友生病了

遵义市红花岗区机关幼儿园 彭锦

【活动目标】

1. 懂得疾病对人的危害,知道有些病是会传染的,获得勤喝水、多锻炼等预防疾病的经验。
2. 知道关心生病的朋友。

【活动准备】

1. 水痘、腮腺炎、手足口等发病时的图片。
2. 故事挂图《朋友生病了》。

【活动过程】

(一)开始部分

1. 谈话导入,引入活动。

师:最近几天,我们班里的越越小朋友没来幼儿园,知道为什么吗?

幼:她生病了。

师:是啊,她为什么会生病呢?生病了感觉怎么样?

2. 让宝宝讨论讲述生病的原因及自己生病时的感受。

幼1：因为她不好好吃饭，也不锻炼身体；那次我生病了，发烧，嗓子也很疼，很难受的。

幼2：因为她不讲卫生；那天我生病了，还住医院了呢，医生给我打针、吃药，我很难受的。

（二）基本部分

1. 教师创设情境故事《越越生病了》，引出活动。

师：越越从小就不好好吃饭，水果、蔬菜更不爱吃，还不喜欢锻炼身体，所以他的身体一点不好，经常生病，这次呢，他可不是平常的感冒，他的手上、脚上都长了好多小红疙瘩，而且还发烧，可难受了，医生还不让他去幼儿园了呢……（出示手足口病图片。）

（1）师幼共同讨论：越越为什么生病了？

因为越越得了手足口病，这种病会传染，所以不能上幼儿园。

（2）那你们还知道哪些病也会像手足口病一样会传染给别人？

水痘、麻疹、腮腺炎……

（3）向幼儿介绍传染病对我们身体健康的危害。

师：是啊！得了这些病也会传染给别人，咱们一起来看一看得了水痘、腮腺炎会是什么样子？（出示水痘等图片。）

2. 引导幼儿说一说：生病了怎么办？

（1）得了水痘或其他传染病，应该怎么办？（先让幼儿自由讨论回答。）

师：要及时去看医生，听爸爸妈妈和医生的话，要积极配合治疗。

（2）怎样预防生病？（自由讨论回答。）

教师小结：要勤喝水，饭前便后要洗手，不吮手指，不去脏、乱、臭的地方，加强锻炼身体，养成良好的卫生习惯。

（3）怎样才能让我们的身体变得棒棒的，做一个健康宝宝呢？（幼儿自由回答）

教师小结：多运动，多锻炼，多吃水果，多吃蔬菜，不挑食，并且养成早睡早起的好习惯，这样你就会是一个健康的宝宝。

3. 组织幼儿交流生活经验：如何关心生病的朋友

（1）你生病的时候，心里觉得怎么样？爸爸妈妈是怎样关心照顾你的？

引导幼儿说出生病的时候身体很不舒服，不想吃饭，老想躺着，爸爸妈妈很耐心、很细心地照顾，觉得很温暖，在爸爸妈妈的悉心照顾下病会很快好起来。

（2）如何关心生病的朋友？

"宝宝们看一下，今天我们班还有谁没来幼儿园？""××没来。""对啊！他生病了，我们应该怎样关心他呢？"

引导幼儿说出打电话关心一下，让爸爸妈妈陪着去看望一下，或者画一幅画送给他，等等。

教师小结：宝宝们，刚才你们说得真好，老师知道我们班的宝宝都是懂事的好孩子，知道关心别人，在家时如果爸爸妈妈，爷爷奶奶身体不舒服，也要多关心他们，你们能做到吗？

（三）结束部分

随音乐《健康歌》与宝宝一起做动作，自由活动身体。

【活动延伸】

在其他活动中继续开展关心生病同伴的活动，使宝宝懂得在生活中不仅要感受别人的爱，关心别人也是一件很快乐的事情。

【活动效果评析】

在活动开始时，首先通过谈话让宝宝了解生活经验中，生病的原因及自己的感受。接着以《越越生病了》的故事让宝宝进一步加深了解生病的原因，懂得了疾病对人的危害，知道了手足口病、水痘等病是会传染的，并且获得了讲卫生、勤喝水、多锻炼等防疾病的经验。

在下一个环节中，通过组织宝宝交流生活经验，使他们忆起了生病时的心情，并懂得了如何去关心生病的朋友，从而激发了宝宝的爱心。

【活动建议】

教师在讲解故事《越越生病了》时，可以将故事内容制作成幻灯片的形式，这样更加形象和具体，更能激发幼儿的兴趣。

活动5：高兴生气的时候

遵义市红花岗区机关幼儿园　彭锦

【活动目标】

1. 在游戏中认识日常生活中高兴和生气的表情。
2. 学习用语言表达感受，用适当的方式表达自己的情绪。
3. 体验关爱、亲情、共享的快乐。

【活动准备】

红星娃娃、高兴和生气的表情娃娃、高兴娃娃和生气娃娃的家、情景卡片、水彩笔、记号笔、制作表情娃娃的纸。

【活动过程】

（一）语言导入活动

1. 以红星娃娃发出作客的邀请导入活动。
2. 幼儿手拉手一边唱歌一边去作客。
3. 幼儿按老师说的门牌号找高兴娃娃（123）和生气娃娃（456）的家。

（二）认识高兴和生气的表情

1. 说说高兴娃娃和生气娃娃的表情。（脸上、眼睛、嘴巴）
2. 做做高兴和生气的样子，在高兴娃娃和生气娃娃的家留个影。

（三）说说高兴与生气的事

1. 卡片联想。

（1）说说高兴和生气的事。（幼儿找好朋友一起说。）

（2）游戏"点芝麻"：教师或幼儿点，被点到的幼儿说说卡片上的高兴和生气的事。（如果是你会怎么样？）。

（3）把卡片送回家。

（4）验证卡片。

2. 生活经验联想，引导幼儿说说高兴与生气的事及做法。

师：你平时有什么高兴的事？高兴的时候你会怎么样？生气时可以做些什么？（介绍几种表达自己情绪的方式：可以独自待一会儿消消气；可以对别人说出生气的原因；为别人想一想；或者轻轻地哭一哭、睡一觉、看看书、听听音乐、做做游戏等，这样很快就没事了。）

教师小结：原来每个人都会有高兴的时候、生气的时候，当你高兴的时候，应该和大家分享；当你生气的时候也不要发脾气，大家都会来帮助你解决困难的。生气并不是一件坏事情，但如果生气时伤害了自己，妨碍了别人，就是件坏事情，经常生气是一种不好的行为。

（四）做做高兴、生气的脸谱

幼儿按意愿选择材料制作脸谱。

（五）唱表情歌

幼儿在手上套上自己做的脸谱找朋友一起唱表情歌。

（六）教师带幼儿到操场上做高兴的游戏——老鹰抓小鸡的游戏

师：如果你是小鸡，你被老鹰抓到了你会不会生气？如果小朋友不小心撞到了你，你会怎么做？

【活动效果评析】

本活动是追随幼儿的经验和生活，为解决孩子的实际问题而设计的。想通过有目的活动来进一步地了解幼儿，发现幼儿的差异和面临的问题；想通过有目的的活动来寻找幼儿良好心理的培养和各领域目标的结合点，从而发挥幼儿良好心理培养的增效作用。活动以游戏贯穿始终，充分调动了幼儿学习的积极性和主动性，幼儿在每一个环节中都有积极的体验和主动的学习。这次活动是成功的，孩子不仅达到了心育目标的要求，各种能力还有所提高。

【活动建议】

在活动环节二"认识高兴和生气的表情"，教师在让幼儿观察"高兴娃娃"和"生气娃娃"的卡片时，仔细讲解高兴和生气时眼睛、眉毛、嘴巴等的不同后，教师可以给每个幼儿提供一面镜子，让幼儿对着镜子做做高兴和生气时的表情。另外在教具"卡片"的制作上还需改进，可以有几张便于集体观看的大卡片，这样更符合小班幼儿的年龄特点，更能突出重点，解决难点。

第三节　幼儿园中班健康领域案例

活动1：安全用药[①]

【活动目标】

1. 懂得生病时要根据医生的诊断服药，不可以乱吃药。
2. 通过在小医院的情境中互相讨论，积累生活经验，增强自我保护意识。

【活动准备】

一些常见的药品：创可贴、含片、板蓝根、感冒药、退烧药、眼药水等。白大褂、听诊器。

【活动过程】

（一）通过故事导入，引起幼儿的兴趣

师：大森林里的小松鼠生病了肚子疼得厉害，于是它到森林小医院想找象医生看一看，可是象医生去给小鹿输液了没在家，请小猴子给它看门，小猴子看着小松鼠难受的样子，便从药柜里拿了一盒药说："上次我感冒时象医生就是给我吃这样的药，病就好了，现在，你把这个药吃下去，肚子就会舒服的。"

---

① http://www.jy46.com/a/zhongbanjiaoan/zhongbanjiankang/2012/0628/36294.html。

师：小松鼠能吃这种药吗？为什么？
幼：不能，因为吃药必须让大人看着。
幼：因为小猴子是感冒，小松鼠是肚子不舒服
幼：吃下去会中毒的。
师：你自己在家生病了能随便找药吃吗，应该怎么做？
幼：不能，打电话给爸爸妈妈。
幼：叫自己认识的邻居带着去医院。
幼：打120。
教师小结：药物种类很多，每一种药都有不同的用法，一种药只能用来治疗一个病。

（二）认识几种常见的药品，并能对症下药
师：（出示红药水、创口贴）这个红红的水有什么用？这个胶布又有什么用呢？（磕破皮擦的，贴伤口的。）
师：（出示眼药水）这个小小的瓶子里装的是什么呀？有什么用？（眼睛不舒服时点的眼药水。）

（三）幼儿讨论生病吃药的注意事项
幼：要听医生的话。
幼：吃药时要有大人帮助，小朋友不能自己拿药、自己吃药。
教师小结：不同的病会有不同的治疗方法，如果生病乱吃药，病会越来越严重，如果没病吃药，反而要生病。最好的方法是对症下药，生什么病吃什么药。要是不知道生的什么病，应该到医院找医生看。

（四）观看图片，丰富幼儿经验
教师出示关于药品的是非图片，幼儿以举手表示"对""错"。
如：咳嗽应该吃退烧药，眼药水可以解除疲劳，只要生病都可以吃感冒药，等等。

（五）情景表演"小医院"，结束活动
现在一起到我们班"爱心小医院"，请小朋友们分别来当医生和病人，看小医生开的药对不对，看谁能当个合格的小医生。

【活动效果评析】
幼儿生活在家庭、幼儿园和社会的环境之中，意外事故的发生常常是不可避免的，"安全用药"这个活动结束后，中班的孩子对生病时该怎么办，他们的脑子里都是很清楚的，孩子们都会说，要吃药、看医生、打针、打点滴等。但生病时药怎样吃才安全，这个意识还是不强。所以，通过这个活动，应该让孩子们懂得一些基本的安全知识，以此来提高幼儿判断事

物的能力。这样能更好地增强他们自我保护的意识,丰富已有经验。

【活动建议】

通过故事导入活动能很好地激发幼儿的兴趣,在讲解了故事后教师的提问能开动幼儿的大脑,教师在提完问进行总结时,可以接着上面的故事进行续编,比如:可以是小松鼠正要吃药,象医生回来看见了,告诉了小松鼠这个药是不能吃的;或者小松鼠吃了小猴子给的药,肚子仍然很不舒服;等等。

活动2:白白的牙齿[①]

【活动目标】

1. 知道刷牙的好处,掌握正确刷牙的方法。
2. 养成保护牙齿的良好习惯,能坚持早晚刷牙。

【活动准备】

1. 课件、大嘴狗手偶,教师用的画纸、记号笔。
2. 幼儿自带牙具、小镜子。

【活动过程】

(一)情境导入:认识新朋友

1. 教师在画纸上画出新朋友"牙宝宝",边画边向幼儿讲述"牙宝宝"的故事。
提出问题:牙宝宝为什么哭?它为什么会疼?
2. 引导幼儿回忆:你的牙齿有没有疼过?学一学牙疼的样子。

(二)观察讨论:了解龋齿及其危害

1. 观看龋齿的图片。

播放课件引导幼儿观察,牙齿生病会变黄,有黑点和牙洞,这些生病的牙齿就叫龋齿,也就是我们平时说的蛀牙。

2. 幼儿照镜子,自己看一看并互相找一找有没有龋齿。
3. 说一说龋齿给我们造成的伤害。

(三)知道怎样保护牙齿

1. 提出问题:怎样才能不让牙齿生病呢?
2. 幼儿互相讨论,自由发言。
3. 播放课件,说一说图片上哪些小朋友做得对。

[①] http://www.jy46.com/a/zhongbanjiaoan/zhongbanjiankang/2012/0628/36293.html。

教师小结：坚持早晚刷牙，饭后漱口，少吃甜食，不挑食，睡前不吃食物，不用牙咬硬东西，等等。

（四）出示大嘴狗手偶，学习正确的刷牙方法

1. 提出问题。

小朋友们会刷牙吗？刷牙需要用到哪些东西？你是怎么刷牙的？

2. 请大嘴狗老师示范正确的刷牙方法。

（1）上牙从上往下刷（2）下牙从下往上刷

（3）咬合面来回刷（4）里里外外都要刷

3. 幼儿到前面用手偶示范刷牙的方法。

4. 师幼共同唱歌做动作巩固刷牙的方法。

（五）活动结束

幼儿带着自己的牙具随音乐《刷牙歌》走出活动室，到盥洗室继续练习刷牙。

【活动效果评析】

本节课教师设计了五个教学环节。第一环节，教师通过边画边讲的方式，向幼儿介绍新朋友"牙宝宝"，并讲述牙宝宝的故事，激发了幼儿兴趣，从而引出问题。这一环节中幼儿听得非常认真，并能正确回答提出的问题，初步了解了牙疼的原因。第二环节，播放课件引导幼儿观察龋齿的照片，通过照镜子，让幼儿了解自己牙齿的情况，及时发现牙齿存在的问题。这一过程中幼儿表现得非常积极，观察得很仔细，知道了龋齿对身体的伤害。第三环节是本课的重点环节之一，在教师的帮助与鼓励下，幼儿能大胆地表达自己的想法，说出保护牙齿的好方法，并能判断出正确及错误的做法。在第四环节中，教师首先引导幼儿说一说自己是如何刷牙的，然后运用大嘴狗的手偶道具，教幼儿学习正确的刷牙方法，部分幼儿上台示范。最后教师和幼儿一起用歌唱表演的形式巩固刷牙的方法，在教师的指导下，大部分幼儿掌握了正确的刷牙方法。这一环节中幼儿对大嘴狗的手偶非常感兴趣，并能积极地和老师一起讨论正确的刷牙方法。课堂气氛活跃，达到了教学目标。第五环节，幼儿带着自己的牙具随音乐《刷牙歌》走出活动室，到盥洗室继续练习刷牙。

通过本次活动，幼儿知道了刷牙的好处，掌握了正确的刷牙方法，养成了保护牙齿的良好习惯，达到了本节课的活动目标。

【活动建议】

教师在活动环节三 "知道怎样保护牙齿"，提出问题：怎样才能不让牙齿生病呢？在让幼儿互相讨论，自由发言的基础上，教师先小结，让幼儿知道正确保护牙齿的方法，然后再播放课件，让幼儿说一说图片上哪些小朋友做得对，巩固幼儿的知识。在"示范讲授刷牙方法"这一环节中教师能够讲解得再细致、再全面些（刷牙不仅要里里外外刷还要前后左右都

刷到），课堂效果会更好。为了让幼儿进一步巩固所学内容，可以将"引导幼儿认识一些坚固牙齿的食物"作为活动延伸，丰富幼儿的知识。

活动3：开心吧[①]

【活动目标】

1. 知识与技能：懂得情绪愉快有利于身体健康。
2. 过程与方法：初步学习正确的方式排解不开心的情绪。
3. 情感态度价值观：引导幼儿逐渐养成积极乐观的生活态度。

【活动重难点】

教学重点：懂得情绪愉快有利于身体健康。

教学难点：初步学习正确的方式排解不开心的情绪。

【活动准备】

喜、怒、哀、愁的图片，色彩卡，斑马先生和小狮子图片，花猪小姐图片，幼儿用书，表格等。

【活动过程】

（一）情景感知，理解每个人都有情绪

1. 出示图片1（一个小朋友当上值日生之后露出甜甜的笑容。）问：图上的小朋友怎么了？为什么？平时你们会这样吗？为什么呢？

（和幼儿讨论之后得出情绪：开心。）

2. 出示图片2（一个小朋友自己带到幼儿园的图书被撕破后很生气。）问：图上的小朋友怎么了？为什么？你们有过这样的经历吗？

（和幼儿讨论之后得出情绪：生气。）

3. 出示图片3（一个小朋友看见鱼缸里的小金鱼死了，表现得非常伤心。）

问：图上的小朋友怎么啦？为什么？你们也会这样吗？为什么？

（和幼儿讨论后得出情绪：伤心或不开心。）

4. 出示图片4（一个小朋友因为不会系鞋带而发愁。）问：小朋友怎么啦？为什么？你们会系鞋带吗？如果你们遇到了不会做的事情会怎么样？为什么？

（和幼儿讨论后得出表情词：发愁。）

教师小结：每个人在遇到各种各样的事情时，心里都会有不一样的感受，喜、怒、哀、愁等，这种感受我们叫它心情。

[①] http://www.jy135.com/html/zhongbanhuodong/jiankang/40932.html.

设计意图：在第一个环节中，让孩子观察富有生活气息的图片，和老师一起讨论生活中经常会遇到的事情，让幼儿尽情地说说自己是否也会这样，在观察和讨论中理解每个人都有各种各样的情绪，喜、怒、哀、愁。

（二）讨论分析，知道好心情有利于我们身体健康

师：心情是我们的好朋友，一份好心情能让我们过得很开心，可是一份坏心情却会把一切都弄得很糟糕，那么我们在什么时候心情会好，什么时候心情会坏呢？（教师把幼儿回答的情况填在书面表格中。）

师：你们平时心情好的时候多还是心情坏的时候多呢？为什么？心情好的时候你们会用什么颜色来表现呢？请你们为自己的情绪配色。

（出示色彩卡，请幼儿为开心、生气、伤心、发愁配色。）

（有娃娃头表现，有助于幼儿理解这些心情。）

幼儿操作结束后，教师小结分析幼儿的配色情况。

教师小结：好心情时我们会用鲜艳的颜色来表现，坏心情时我们会用深暗的颜色来表现，看来孩子们都喜欢好心情咯，不开心就是生气，生气不仅不让人喜欢，还会对我们身体产生坏的影响。生气的时候，人吃不下饭，睡不好觉，身体越来越差，所以我们要尽量不让自己生气，把生气这个坏习惯消灭掉。好的心情会让我们开心地过每一天，让我们身体健康。

设计意图：在第二个环节中，我用表格的形式记录孩子们的好心情和坏心情，同时还让他们给心情配色，让他们理解好心情与坏心情的不同，感知好心情会给我们带来快乐。

（三）体验理解，寻找到排解不开心情绪的方法

师：好心情会给我们带来快乐，可是有几只小动物不开心了，看看它们怎么了？（出示两幅图。）

图5：斑马先生和小狮子抢皮球，脸被小狮子扔的皮球给砸伤了。

图6：花猪小姐已经有很多玩具了，还要妈妈给她买玩具，妈妈不肯，它就生气了。

（引导幼儿理解斑马先生和花猪小姐这时的心情很坏。）

师：怎样才能让他们变得开心呢？狐狸大婶开了一间开心吧，我们去看看吧。（出示书本第一页的画面。）哇，斑马先生和花猪小姐在狐狸大婶的开心吧玩得多开心呀。狐狸大婶的开心吧真神奇，它们是怎样变快乐的呢？（让幼儿仔细观察图画并回答。斑马先生在吃冰激凌而变开心了，花猪小姐在跳蹦蹦床而变开心了。）

教师在幼儿的回答基础上进行小结，让幼儿懂得心情不好的时候可以采取其他适当的方式排解不开心的情绪，让自己变得开心起来。

师：你们还有其他更好的方法让它们变得开心吗？

（引导幼儿尽情地讨论回答，同时及时鼓励回答正确的幼儿，让幼儿感知可以有不同或很多的方法排解不开心的情绪。）

幼儿回答后让他们把他们自己认为好的方法记录在操作卡第2页"我的开心法宝中"。

幼儿完成操作后，教师简单小结本次活动的内容。

师：心情是藏在我们每个人心中的小精灵，我们有时高兴，有时生气，有时难过，不过，我们要学会调节自己的情绪，让我们随时保持愉快的心情。遇到不开心的时候，可以唱唱歌、跳跳舞、玩玩玩具，看看电视或者用你们刚才记录的各种好的办法，这样我们就能让自己快乐起来，就能天天拥有好心情，你的快乐就会变成大家的快乐，我们身边就会充满快乐！

设计意图：在第三个环节中，我让幼儿观察斑马先生和花猪小姐不开心的情绪，让幼儿到狐狸大婶的开心吧去看看，看狐狸大婶是怎样让它们变得开心的，然后再让幼儿想出更多更好的方法让它们变得开心起来，同时做好记录让幼儿在说说画画中理解怎样用正确的方式排解不开心的情绪，让自己高兴起来，让幼儿在激烈的讨论中学会怎样快乐。

【活动效果评析】

本次活动教师分为三个环节进行。

首先第一环节让幼儿感知每个人都有各种各样的情绪。教师出示了4幅有关喜、怒、哀、愁情绪的图片，通过引导让幼儿理解喜、怒、哀、愁。

然后为了解决"懂得好心情有利于身体健康"这一教学重点，教师设计了第二个环节，让幼儿为心情卡配色，让幼儿进一步理解好心情和坏心情的不同。幼儿自己回答"什么时候心情会好，什么时候心情会坏呢"这一问题，老师再填表格做记录，让幼儿进一步明白好心情和坏心情的不同。不过，在回答这个问题的时候，很多幼儿都喜欢回答让人高兴的事，如爸爸给我买了玩具，妈妈陪我到动物园玩，等等。其实让他们不高兴的事情也挺多的，但他们却不知道如何表达出来。这时教师适当地引导了幼儿，幼儿再积极地思考下也回答得较好。在讨论后，就让幼儿为不同的心情配色。教师先用问题引导幼儿：你开心的时候会用什么颜色呢？你生气的时候会用什么颜色呢？引导幼儿可以用颜色深浅、是否鲜艳等区分心情的不同。这一环节幼儿很喜欢，配色的时候还不时讨论。后来在老师适当的引导、小结下，幼儿还是基本上能明白好心情对我们身体是有好处的。

最后，为了解决"初步学习正确的方式排解不开心的情绪"这一难点，教师进行第三环节的教学。通过斑马先生和花猪小姐的表现，让幼儿感受到心情不好时要想办法排解，让自己变得开心起来。孩子们在观察狐狸大婶的开心吧的时候很感兴趣，对于"斑马先生和花猪小姐在开心吧是怎样变得开心的"这个问题也说得很清楚，幼儿特别对"还有其他更好的方法让它们变得开心吗"这一问题很感兴趣。幼儿在回答这一问题时很是积极，七嘴八舌的，想出了很多办法，还把这些办法记录了下来，只是在记录的过程中，由于个别幼儿动手画画能力较差，他虽然会说怎样变开心，但却不会画下来。通过这一环节，幼儿也知道在不开心的时候如何调节自己的情绪让自己变得高兴起来。教师在最后的小结中让幼儿明白了本次活动的主题，要学会开心，即使不开心了，也要学会调节自己的情绪，想办法让自己开心起来。

通过这三个环节的进行,幼儿在热烈地讨论、愉快地操作中理解了开心的含义,也知道了怎样让自己开心起来、快乐起来。

【活动建议】

在活动环节一"情景感知,理解每个人都有情绪",教师通过呈现4幅图让幼儿了解喜、怒、哀、愁等情绪来导入活动,这里教师还可以将喜、怒、哀、愁等情绪融入到故事中,通过讲解故事的形式导入活动。在日常生活中幼儿对于高兴、不高兴理解比较深刻,而对于怒、愁等情绪理解较差,因此,在活动中,教师可以多花点时间让幼儿理解什么是"怒",什么是"愁"。

活动4:我是小超人[①]

【活动目标】

1. 学习跨跳35cm高的障碍物、触物跳和快跑的动作。
2. 激发幼儿参与体育活动的兴趣。

【活动准备】

1. 飞人刘翔、乔丹比赛的照片。
2. 红、黄、蓝、绿圆形贴图标志,大小不同的四个五角星奖章。
3. 场地布置、背景音乐《加油歌》《星星的心》。

【活动过程】

(一)照片导入活动

出示照片,引导幼儿说一说。

师:照片上是谁?(刘翔、乔丹)他们在干什么?为什么把刘翔、乔丹称为"飞人"?(因为他们跨栏、投球的动作像飞一样。)

师:刘翔喜欢跨栏的体育运动,乔丹喜欢打篮球的体育运动,那你们喜欢什么体育活动呢?(请幼儿回答。)

师:有的小朋友也喜欢跨栏和打篮球,那怎样跨栏和打篮球呢?你们想不想学?

老师讲解并做示范动作:跨跳障碍物时要先有助跑,前面的腿抬高跨过障碍物,另一条腿紧接着跟随跨过;触物跳时先助跑,到篮板前,并屈膝用力跳起。然后让幼儿分成两队进行模仿。

(二)闯关游戏"我是小超人"

1. 根据自己身上的颜色标记站成四队,老师讲解闯关规则和进行闯关示范。

师:在闯关时要根据你身上的颜色标记选择闯关赛道,闯关回来后要记得拍下一位小朋友的手,被拍到手的小朋友才可以进行闯关,没有拍的手的小朋友可以为自己的队伍加油!

---

① http://www.jy46.com/a/zhongbanjiaoan/zhongbanjiankang/2012/0628/36295.html.

2. 第一遍先让幼儿尝试一下闯关，然后老师纠正不正确的动作，并提醒幼儿闯关规则。
第二遍让幼儿巩固动作和闯关规则，不正确的地方老师再做纠正。
第三遍让幼儿进行闯关比赛。
总结游戏情况，教师与幼儿共同评出优胜组顺序。

（三）引导幼儿做放松活动（捶捶背、敲敲腿、捏捏胳膊等）

一位老师利用喇叭喊话：彩虹班的小朋友接紧急通知，你们的动作规范，是一名合格的"小超人"了，现在邀请你们去参加博兴县的冬季运动会，请赶快集合。

师：孩子们，客人老师说我们彩虹班的小朋友都是合格的"小超人"了，还邀请我们去参加博兴县的冬季运动会，你们高兴吗？（高兴。）那我们赶快集合去参加吧！

【活动效果评析】

在活动中，教师首先出示图片问幼儿是谁？大部分孩子都认识刘翔、乔丹，在教师问幼儿人们为什么称他们为"飞人"时，在老师的引导下孩子们都能很好地说出来。在模仿动作时由于布置的场地障碍物距离隔得有些近，导致孩子们的助跑动作没有很好地尝试到。在玩闯关游戏时大部分孩子都做得很好，也很遵守游戏规则，还有一小部分孩子不敢跨栏直接绕过去或是双脚跳过去，在纠正几遍后还是做得不错了。整节活动气氛很好，孩子们的积极性也很高。最后一个环节教师以客人老师在喇叭中喊话的形式宣布彩虹班的小朋友都是一名合格的"小超人"了，还邀请他们去参加博兴县冬季运动会，把孩子们的积极性推到了高潮。不过最后一个环节教师设计成邀请孩子们去参加博兴县冬季运动会有一点欺骗孩子们的成分，以后要注意。

【活动建议】

"我是小超人"是中班的一个体育活动，根据活动过程可知，本节活动的重难点都是引导幼儿跨跳 35cm 高的障碍物，因此，在引导幼儿了解"飞人"这一环节时，教师可以直接利用刘翔的图片或采用多媒体播放刘翔参与跨栏时的视频引入活动。在闯关游戏中，教师介绍完游戏规则后，可以给幼儿进行示范，这样更易于幼儿对游戏规则的理解。

活动5：小脚丫的游戏

江苏省常州市鸣珂巷幼儿园　陆雨青　王钦钦

【活动目标】

1. 通过用小脚丫进行的游戏，进一步让幼儿了解脚的不同用处及保护方法。
2. 尝试用小脚来跳竹竿舞，增强幼儿的节奏感。
3. 让幼儿体验集体游戏、亲子游戏带来的快乐。

【活动准备】

1. 场地准备：在室内布置出光、毛、软、硬不同的路面。
2. 材料准备：沙包四只，竹竿若干根，眼罩若干只，小筐四只。
3. 经验准备：幼儿进行过有关小脚丫的活动，看过跳竹竿舞的录象。

【活动过程】

（一）带幼儿进行"小脚丫的旅行"，体验脚走在不同路面上的感受

师：今天，我们要做小小旅行家，光着脚一起去旅行。旅行时可能会走过一些很特别的路呢。

（让小朋友光着小脚，还听说要去旅行，他们的兴趣和积极性一下就调动起来了。）

1. 黑夜旅行：蒙眼走。进行第一次体验。

（1）介绍游戏，提出要求。

师：首先我们要进行的是"黑夜旅行"，天黑了，眼睛看不见了。那么到底会走过哪些特别的路呢？你们可要用小脚仔细去辨别呀。

（2）带上眼罩，开始旅行。

带幼儿排好队，依次走过场地另一端事先布置好的不同的路面。

（为了增加难度，教师还铺了条较难辨别的草席。由于蒙着眼，幼儿看不见，这就更引起了他们的好奇与兴趣。他们都走得小心翼翼，用小脚仔细去探索，用心地辨别与猜测脚走在了什么上面。）

（3）回到座位，交流感受。

师：刚才你走过哪些不同的路面？

（大多数幼儿都能辨别并说出脚走过了高低不平的鹅卵石路、毛毛的塑胶路、软软的垫子及光滑的磨光石子路。）

2. 白天旅行：睁眼走。第二次体验。

师：现在天亮了，我们再去旅行，看看你们刚才猜的路对不对。

（在这一环节中，孩子们异常兴奋，因为，他们在验证刚才猜测的结果。不时听到"哦，我猜对了，是鹅卵石路""我也猜对了""我猜对垫子了"的欢呼声，他们体验到了成功的喜悦。）

（二）说说我的小脚丫

1. 引导幼儿讨论脚的本领。

师：脚除了能有不同的感觉外，还能做很多的事情，请说说它还能做些什么？

让幼儿以开火车的形式，每人讲出一个脚的本领。

2. 讨论如何保护脚。

（这里幼儿调动已有经验，说脚的本领时，回答主要是：脚能走路、跑步、上下楼梯、踢球、跳绳、骑车、跳舞。有个别小朋友说道：没有手的人他们用脚也会写字、拿东西呢。）

（三）亲子游戏：小脚取物接力赛

师：刚才有小朋友说，有人能用脚来写字、拿东西，那么你们能不能也用小脚来拿东西呢？现在请你们和爸爸妈妈一起来玩一个游戏。

师：（介绍游戏规则）以小组为单位，四组幼儿与家长拉好手，分别站在场地两边。听到信号，每组第一个幼儿及家长用脚夹住一沙包，单脚往前跳至对面，将沙包放进小筐，然后站至队尾，这时对面的排头开始以同样的方法往前跳。依次进行，看哪队最快。

（当亲子游戏"小脚取物接力赛"一开始，气氛更为热烈，家长也脱去了鞋袜，和孩子换着手，各用单脚夹沙包，将沙包送入场地另一端的小筐里，看似简单的动作，可有个别幼儿却很难做到，用脚夹了半天也夹不起来，甚至有的大人都很费劲，脚好像不听使唤，沙包老往下掉，引得大家不时爆发出欢笑声，"加油"声也不绝于耳。）

（四）小脚丫的舞蹈

1. 请一位老师穿着少数民族服装表演跳竹竿舞，引起幼儿兴趣。

师：小朋友你们看，谁来了？王老师要表演什么给大家看呢？

2. 让幼儿欣赏音乐并练习基本节奏和动作。

3. 请幼儿跳竹竿舞。

（敲竹竿的节奏，我们用了最简单的，竹竿变化的方法也是最基本的分开、并拢。虽然先带小朋友进行了节奏与动作的练习，可当真有竹竿在舞动时，小朋友们还是胆怯了，不敢将脚跳进竹竿中间，却又非常想跳，这对幼儿来说，很具有挑战性。看到几个大胆的孩子已经顺利地在竹竿中间跳动、穿梭，大家才鼓足勇气也跳进竹竿中。几次尝试后，总算能合拍地跳了。这下，大家的兴致更高了，欢快地跳个不停。）

4. 家长参与敲竹竿及跳竹竿舞。

（在欢快的鼓乐声中，小朋友们进行着"小脚丫的舞蹈"，踩着鼓点跳起竹竿舞，家长们被这欢乐的气氛深深感染和吸引，也纷纷加入到孩子们的行列中，有的敲竹竿，有的跳起舞，顿时，活动室变成了欢乐的海洋。）

【活动效果评析】

"小脚丫的游戏"这一活动，主要有以下特点：第一，有效利用教育资源。活动对象源自于主体自身，内容贴近生活，符合幼儿的年龄特点，而且有一定挑战性（如尝试跳竹竿舞），有助于调动幼儿已有经验，构建新的直接经验。第二，活动形式丰富，内容新颖，趣味性强，始终贯穿了游戏性，加上家长的参与活动，无一不激发起孩子们浓厚的兴趣与主动性。因此活动效果比较好。

【活动建议】

从本节活动过程来看。活动分为：带幼儿进行"小脚丫的旅行"，体验脚走在不同路面上的感受；说说我的小脚丫；亲子游戏——小脚取物接力赛和小脚丫的舞蹈四个环节。考虑到幼儿的身心发展特点，很难在一次活动中四个环节都进行，因此，"小脚丫的舞蹈"这一环节可以放在活动延伸中。

从整个活动来看，在幼儿"旅行"过后的交流表达中，教师对幼儿的语言表述提升得还不够，当幼儿只讲出磨光石子路"光光的"，有的幼儿说"还有点滑"时，教师可以及时将词语"光滑的"提供给他们，丰富他们的词汇。

第四节　幼儿园大班健康领域案例

活动1：热爱生命

江苏省张家港市万红幼儿园　朱留英　姚蓓蓓

【活动目标】

1. 理解死亡的原因和含义，懂得生命的脆弱与可贵。
2. 知道用各种方法调适伤感的情绪，学习用积极的心态面对生活从而懂得热爱生命。
3. 珍爱生命，树立健康快乐每一天的观念。

【活动准备】

1. 物质准备：
（1）自制 Flash 课件：猫妈妈的死。
（2）死亡场景的图片：战场牺牲、安全事故、生老病死、中毒之死。
（3）小鸡形状操作卡若干（供画画），图文并茂的文字（注意安全、加强营养、注重锻炼、加强营养等）。
（4）音乐：《二泉映月》《挪威舞曲》《健康快乐动起来》。
2. 经验准备：
调查了解死亡的原因并学说安慰别人的话。

【活动过程】

（一）观看课件，激发兴趣

1. 看课件，倾听哭声。
师：你们听，是谁哭得这么伤心啊？
幼：小猫在哭。

2. 幼儿猜测小花猫哭的原因。

师：小花猫的眼泪像喷泉，它为什么会哭呢？

幼1：有人抢了它的玩具。

幼2：它找不到爸爸妈妈了。

幼3：它的肚子饿了，想吃东西。

幼4：它的爸爸妈妈死了。

3. 播放《二泉映月》背影音乐，教师用伤感的话语结合课件小结。

师：原来猫妈妈年纪大了，走路走不动了，吃饭吃不下了，它去世了，永远地离开了小花猫。小花猫再也不能和妈妈一起生活了，它失去了最亲爱的妈妈，心里非常伤心。

（二）理解死亡，体验情感

1. 了解死亡的含义。

师：谁知道什么叫去世吗？

幼1：就是看不到他人了。

幼2：看不见世界，再也不会走路说话。

幼3：不会呼吸，没有感觉了。

师小结：对呀，去世就是呼吸停止、没有感觉、看不见世界、再也不会走路说话和吃东西了。

2. 结合经验讲讲死亡的原因。

师：在平时生活中，你们有见过谁去世吗，你的心情又是怎样的呢？

幼1：难过得不得了。

幼2：我的奶奶去世了，我哭得很伤心的。

3. 结合幻灯片进行小结。

师：是啊，电视上我们也看见解放军叔叔打仗牺牲了，有人出车祸不幸死了，有的中毒死了，还有的人生病停止了呼吸，有的的人劳累过度最后也去世了……所有的这些都是件悲伤的事情。人死不能复生，活着的人就更应该善待自己，把伤心难过化作力量，要好好地活下去，用积极的心态去面对生活。

（三）健康面对，热爱生命

1. 安慰悲伤的小花猫。

师：可是、小花猫已经伤心得两天没吃东西了，这样下去可不行，谁能想个好办法来安慰它吧。

幼1：我想送点鱼给它吃。

幼2：我要把好玩的玩具给它玩。

幼3：我请些小动物跟它玩。

幼4：我想对它说：小花猫，你别哭了，一定要坚强。

2. 观看课件，了解小花猫现在的生活状态。

师：小猫听了你们的话非常的感动，你们看它在干什么呀？

幼1：它在吃鱼了。

幼2：它找到了好朋友。

幼3：它在锻炼身体。

3. 儿歌《健康猫》小结，让幼儿懂得要调适自己的情绪情感，勇敢地面对新生活。

师：小花猫呀小花猫，失去妈妈真伤心。坚强面对生活：吃东西，交朋友、爱锻炼、还要自学本领抓老鼠，重新面对新生活。变成一只健康猫，身心健康人人爱，人人爱！

（四）操作体验，总结提升

1. 懂得让自己健康成长的方式方法。

师：我们活着的人都要热爱自己的生命，那怎样热爱自己的生命，让自己快乐健康成长呢？

幼1：多吃饭，使自己的身体变得健康。

幼2：不碰危险的物品。

幼3：不做危险的事情。

2. 让幼儿学习热爱生命的方法。（播放轻音乐）

师：那老师为你们准备了纸和笔，请你们用笔画一画热爱生命的方法。

3. 个别回答，总结提升。

师：谁来说说自己是怎么热爱生命的？

幼1：不挑食，多吃水果，加强营养。

幼2：坚持锻炼身体。

幼3：我过马路看红绿灯，走斑马线。

幼4：我要好好学本领。

师：刚才我们小朋友讲的热爱生命的方法很多，有的是注意安全，有的要加强营养，有的要注重锻炼，还有其他的小朋友开心生活的方法。真棒！

4. 全体幼儿分组将操作卡按归类张贴（注意安全、加强营养、注重锻炼、其他），让孩子通过评价了解热爱生命的内容。

（五）创造表演，感悟生命

1. 感悟生命。

师赠送热爱生命的口号：热爱生命，注意安全，加强营养，注重锻炼，健康快乐每一天，耶！

2. 创造表演。

师：希望大家健康快乐每一天，集体响亮喊出热爱生命的口号，就让我们在《健康快乐动起来》的音乐中快乐地动起来吧!

【活动效果评析】

从整个活动来看,在活动环节的设计上步步深入,亮丽之处有三点。首先,选择的课题具有积极意义,不管是老师还是孩子都能正视死亡这个课题。结合孩子的年龄特点,教师用逼真、精美的课件把孩子引入悲伤的情景,给人以一种凄美的感觉。其次是注重氛围渲染。利用音乐巧妙渲染了气氛,调动起每一个孩子的情绪,使孩子们的情绪由悲伤至渐渐开朗至心情愉悦最后到积极面对新生活这样一个大转变,孩子的情感因此受到激荡。最后是升华了主题——热爱生命。引领大家用健康的态度快乐地对待每一天,生命会因此而更加美丽!这是本次健康活动带来的一种健康的生活观念。

【活动建议】

要让幼儿真正的热爱生命,并不是一个活动就能解决的问题,因此,教师可以根据"热爱生命"这一主题,设计若干活动,通过一系列的活动,让幼儿真正理解生命的意义,做到对生命的热爱。

活动2:食物的旅程[①]

【活动目标】

1. 让幼儿了解各消化器官的功能和食物在人体内消化吸收的过程。
2. 学习简单的自我保护方法。
3. 培养幼儿良好的饮食和卫生习惯。

【活动准备】

1. 电脑制作《小豆子的旅行》的动画(或图片及小豆子旅行的故事录音)。
2. 健康知识卡片、消化图、自制健康行为棋。

【活动过程】

(一)观看"小豆子的旅行",了解各器官的功能

师:今天,有颗小豆子要到淘淘的消化器官中去旅行,它会看到些什么,里面会发生什么事呢?请小豆子来告诉我们。

1. 放第一段食物从口腔到食管的动画。

师:小豆子从哪里进去?看到了什么?

2. 放第二段,了解胃的功能。

[①] http://jiaoan.yojochina.com/daban/dajiankang/2012070992399.html.

师：胃有什么作用？小豆子在胃里还看见了什么？我们怎样来保护我们的胃呢？

教师小结：以后我们要注意，少吃冷、硬的东西，少吃零食，不吃不干净的东西，不能吃得太饱，也不能饿坏了胃，要吃饱早饭，少喝冷饮。

（这一部分的目标是让幼儿在了解胃的功能的基础上知道不良的饮食习惯会使胃生病。）

3. 放第三段动画。

师：小豆子到哪里去？（引导幼儿说出小肠）

师：小肠有什么用呢？小豆子在小肠里看到些什么呢？小豆子为什么没有从小门里出去呢？

（这一部分的目标是让幼儿知道食物没有被磨碎就不能被身体吸收利用。）

4. 第四段动画。

师：小豆子又到了哪里呢？大肠里都是些什么呢？什么叫残渣？能不能让残渣长时间在体内呢？

教师小结：我们小朋友要定时大便。

（二）分组找顺序排图

师：我们知道了每个消化器官的用处，现在，老师为每组小朋友准备了一套图片分别表示每个消化器官的工作情况，请各组小朋友合作，按照刚才小豆子旅行的顺序排列出来。然后，讲一讲为什么这样排？

在观察图片的基础上讨论如何保护各消化器官。

（这一部分的目标是通过形象的图片进一步了解各器官的功能及消化的顺序。）

（三）进行健康知识有奖抢答活动

把幼儿分成四队。准备些图片，上面有的行为是对的，有的是错的，当教师出示图片时马上抢答对还是错？为什么？回答得又多又对者为优胜。

（图片内容有：小摊下吃东西、喝酒。运动后马上喝水，饭后剧烈运动，吃汤泡饭，等等。）

【活动延伸】

玩健康行为棋

1. 老师讲一下下棋的规则。
2. 帮助幼儿理解棋盘上图的意思。（棋谱上都是一些生活习惯方面的内容。）
3. 自由结合下棋。

【活动效果评析】

本活动选取内容接近幼儿生活，受到孩子们的欢迎。活动的第一部分，通过一颗没有被嚼碎的小豆子去淘淘体内旅行时的所见所闻，形象地表述了食物旅行的经过和不良生活习惯对消化器官的损坏,知识容量较大,但通过动画这种形式孩子们非常投入,并能在不知不觉中接受。第二、第三部分通过动手给消化图排序,使幼儿进一步明白了食物旅行的顺序和各消化器官的功能,并通过细致观察图片发现进食时应注意的问题。活动第四部分意在让幼儿在知道消化系统的功能和作用的基础上,关注平时的生活卫生和饮食习惯,这部分的内容起到巩固和延伸的功能。为了使幼儿掌握的知识能落实到日常的行为中,并形成习惯,教师设计了延伸活动——玩健康行为棋。整个活动运用了多种形式做到动静交替,充分调动了幼儿的多种感官,幼儿主动性强、同时也体现了教师的主导作用,使活动传递给幼儿的信息具有很强的科学性和趣味性。

【活动建议】

进行健康知识有奖抢答活动时,可以全班一起进行,没必要将幼儿分组。另外,在活动延伸这一环节,教师还可以让幼儿回家记录父母的饮食习惯,一方面可以培养幼儿的坚持性,另一方面还可以针对幼儿的记录,了解幼儿平时的饮食情况,及时和家长沟通,让幼儿养成良好的饮食习惯。

附:故事《小豆子的旅行》

我是小豆子,我可愿意为小朋友服务了。今天,我要到淘淘的身体里去旅行一次。瞧,嘴巴已经打开了,哇,淘淘的牙齿可真锋利。我的朋友们一下子都变成了碎片。瞧,他们都往下走了,一会儿,我也会变成碎片往下走。哎!我怎么整个就被挤下去了;我现在被挤到一根细细长长的管子里,这就是食管。食管壁很薄,要是遇到鱼刺就可能被刺破,在食管中我被一点一点地往下送。

我现在来到了一个大口袋里,这个口袋就是胃。它像一个磨子不停地动。我的朋友在这里不停地转呀转,磨呀磨,变得像糨糊一样。"哎哟!是谁,身体硬邦邦的?""是我,胃大哥。""你怎么整个儿就下来了?""是呀,你的小主人吃饭太快,没把我嚼碎,就让我下来了。""咦,胃大哥,你身上怎么有伤口呀?你的伤口疼不疼?""那就要怪我的小主人,平时吃东西不注意,爱吃的就吃得很多,把我撑得很难受,他一会儿吃冰冷的冷饮,一会儿又喝滚烫的开水把我搞得够呛。有时我很想休息一会儿,可是我的小主人又要吃零食,把东西硬塞进来,让我不停地工作。我实在是累坏了。所以,就成了现在这样,我生病时可难受了。"

我又来到了小肠妹妹家,小肠妹妹的家弯弯曲曲的就像一个迷宫。边上有些绒毛,还有一扇扇小门。"我是小肠妹妹,欢迎你——食物朋友。从我的小门出去就可到达淘淘的全身,使小淘淘长高,长胖,给淘淘力量。""我也要出去,为淘淘做点事。哎,怎么出不去?"

"喂,小豆子,到我这里来。""好吧,你是谁?""我是大肠姐姐。""我身边怎么都是脏东西,他们是谁?要到哪里去。""他们是残渣,他们将被排出体外。""那我呢?""你也会被排出体外。""那我还没有为淘淘做事。""那没办法,因为你没被嚼碎,不能变成营养,

被身体吸收。"我出去以后,一定要把看到的告诉小朋友,让他们养成好的饮食习惯,使他们更健康。

活动3:火车钻山洞

大庆油田物业集团托幼管理中心东湖总园东湖世纪星幼儿园　邓红梅

【活动目标】

1. 学习和改进排队前进,一个跟着一个走,变化队形的能力,锻炼幼儿的身体。
2. 培养幼儿观察、模仿、协同和参与的意识与能力。
3. 让幼儿享受集体游戏的乐趣,唤起对集体游戏的喜爱。
4. 增强幼儿集体情感、友谊感以及自信心。

【活动准备】

1. 户外场地。
2. 幼儿能听口令变换队形,能一个紧跟一个走。

【活动过程】

(一)开始部分

1. 队列练习。所有小朋友排队,听口令进行"看齐、报数、变队形"等的队列练习。最后变成一队。
2. 小朋友随着老师排成一队走,要求必须一个紧跟着一个走,不能掉队。鞋子掉了的小朋友马上出列,提上鞋再跑回原位走。

(二)基本部分

教师带领幼儿做火车钻山洞的游戏,教师事先并不告诉游戏的规则,希望小朋友们自己在活动中能总结出来。

1. 前导游戏:火车卷心菜。老师领头,小朋友们随后派一队跟着走,不能拉前面小朋友的衣服。"火车"逐渐走成圆圈,"火车头"又逐渐走到圆圈内部挨近"车身"走,边走边说:"火车开来了,一节又一节。变成卷心菜,一层又一层。"接着"车头"又从圆圈中心沿着小朋友的"人圈"走出来:"卷心菜变成小蜗牛,爬出房子探出头。走呀走,跑呀跑,跑到外面伸伸手。"其间小朋友们一直一个跟着一个走。
2. 火车钻山洞。大家继续随着老师走。走着走着,老师让身后第一和第二的小朋友双手高举互相握住,搭成"山洞",后面"火车"从"洞"中钻出来,马上也变成两人组成的"山洞";后面的孩子陆续钻出,"山洞"越搭越多。当所有的孩子都进入"山洞",排在最后搭"山洞"的两个孩子马上放下手也钻进"山洞"变成"火车"。如此循环，游戏继续进行。当"火车钻山洞"游戏进行了十分钟左右时，老师带领钻出"山洞"的小朋友走，所有的小朋友都钻出来后，游戏结束。

（三）结束部分

1. 教师带领小朋友们做放松运动，抖抖手，抖抖脚，做舒展运动。
2. 对本次活动进行讲评，鼓励大家总结出这个游戏的活动规则。回教室，让小朋友们喝水补充水分。

【活动效果评析】

《纲要》中指出，幼儿园要"开展丰富多彩的户外游戏和体育活动，培养幼儿参加体育活动的兴趣和习惯，增强体质，提高对环境的适应能力"，并且要"用幼儿感兴趣的方式发展基本动作，提高动作的协调性、灵活性"。所以让幼儿以愉快的心情投入到游戏中从而达到锻炼幼儿身体的目的，是此次活动的重点。这次游戏的成功之处在于：第一，这是一个集体游戏，事先小朋友们对"队列练习、一个跟着一个走，走成一列长火车"的活动已经很熟悉了，所以在进行新的游戏时，没有中途掉队以致游戏中断的情况发生。第二，游戏开展之前，老师已对小朋友们讲希望他们能总结出"火车钻山洞"的游戏规则，所以在游戏中，尽管大家对游戏并不了解，但他们很认真地注意看着老师的一举一动，注意观察前边小朋友的动作，这次的游戏因此反而开展得很顺利。第三，排成一队的游戏无可避免地会发生踩掉前面小朋友鞋子的情况。由于在之前的户外活动中，大家已养成了"掉了鞋子马上出列提鞋，然后跑步归队"的好习惯，这种情况并未影响游戏的进行。这从侧面看出孩子们已养成了良好的参与集体活动的习惯，不让单个人的个别行动影响集体活动。但从整个活动的情况来看，还应注意一些事情，如在"火车钻山洞"游戏中刚钻出"山洞"的"火车"再变成"山洞"不及时，造成"交通堵塞"，这个时候教师可以引导幼儿讨论后定出规则，让幼儿明白钻出"山洞"的小朋友要马上侧身站好，高举双手，做好搭山洞的准备，这样下一个小朋友一钻出来马上就能和他配合搭成山洞了。

总之，这个"火车钻山洞"的游戏是十分受孩子们欢迎的，本次活动基本完成了活动目标。

【活动建议】

在游戏进行过程中，有的小朋友在搭山洞让"火车"通过时，常常放下手臂套住小朋友玩闹；还有的小朋友在扮演火车时干脆直着身子通过，过不去就硬挤。对于这种情况教师应及时的告诉幼儿这种做法是不对的。为了防止这种事情的发生，教师在进行游戏之前，应事先告诉幼儿游戏规则，并做相应的示范。并且，为了增加游戏的趣味性，教师还可以在做游戏时配上相应的音乐，激发幼儿的参与热情。

活动4：好玩的呼啦圈

遵义市红花岗区机关幼儿园 彭锦

【活动目标】

1. 探索呼啦圈的各种玩法，体验玩圈的乐趣。
2. 学会一物多玩，发展幼儿的想象力和创造力，培养幼儿的合作意识。
3. 通过跳圈、爬圈、套圈、钻圈、滚圈等活动锻炼幼儿的身体，增强幼儿动作的协调性、平衡性和灵活性。

【活动准备】

呼啦圈若干。

【活动过程】

（一）《哪吒》故事引入活动

（二）争做小哪吒，探索呼啦圈的玩法

1. 抛圈：幼儿在操场上，用力向上抛圈，然后接住圈。也可让小朋友互相比比谁的圈抛得高或谁抛接得多。

2. 转圈：幼儿将呼啦圈套在手腕上、腰上或脖子上转。熟练后可边跑边转，也可边转圈边转身。

3. 学小兔：把呼啦圈间隔20公分摆成两排，幼儿分成两队可按顺序从第一个圈跳到最后一个，看哪一个队对最先跳完。

4. 学乌龟：把圈紧挨着连在一起，幼儿站成一排依次从一个圈爬向另一个圈。

5. 套圈：把圈间隔10公分排成两排，要求幼儿把圈沿身体从上到下或从下到上套出，两队进行比赛，看哪个队获胜。

6. 背圈学乌龟蹲走：幼儿把圈背在背上，身体下蹲，慢慢向前移动。

7. 钻圈：把幼儿排成两队：每对派前5名幼儿竖放圈在地上扶着，剩下的幼儿钻过去，交替进行。

8. 夹包射门：幼儿两脚夹住一个沙包，向前跳动，跳到适当距离时，两脚将沙包向呼啦圈中央甩过去，看看能否射进门。

9. 投篮：用绳子把呼啦圈绑在离地面1.5米的栏杆上，栏杆下放一个大纸箱，排成两队，在距离呼啦圈两米处，每人手拿一个球练习投球。

10. 拉球：每名幼儿手拿一个圈和篮球，用呼啦圈拉着球按一定路线走。幼儿分成两队，谁先到达终点即为胜利的一队。

11. 滚圈：每名幼儿手拿一个圈排成两队间隔一米，按照一定路线像滚轮胎一样慢慢向前滚动。

12. 蚂蚁搬家：把幼儿分成两队，若每对 10 名幼儿则在每队前排 11 个圈，先让每个幼儿依次跳入，剩下最后一个圈让幼儿依次向前传到第一名幼儿手中，第一名排好跳入，其他幼儿依次向前跳，轮流进行，谁先到达指定地点谁获胜。

（三）做放松活动

【活动效果评析】

本活动以呼啦圈贯穿全课，调动幼儿兴趣性和积极性，营造一个愉悦、和谐、安全、民主的教学氛围，在"玩"中学，"玩"中想，"玩"中悟。不仅使幼儿在游戏中体会如何与他人合作，而且让幼儿充分展示自我并指导同伴学习以及在合作中体验到成功。教师有意识地锻炼和引导幼儿在游戏时一物多玩，启发幼儿大胆思维，尊重幼儿的想法，充分发挥幼儿的想象力，培养幼儿的合作意识，使幼儿体验到更多的快乐。

【活动建议】

为了让幼儿探索呼啦圈的玩法，教师总共设计了 12 个活动，相对 6 岁左右的幼儿来说，活动量过大，教师可以将这 12 个活动分成 3 个左右的课时来完成。这样更利于幼儿对各种动作的掌握。

活动 5：水是我们的好朋友

遵义市红花岗区机关幼儿园　彭锦

【活动目标】

1. 知道水能解渴，应多喝开水。
2. 了解水的形成，知道节约用水，保护水资源。

【活动准备】

自来水净化过程图一幅，江河干枯、水库蓄水量减少的图片，用水洗菜、洗米、洗衣服、拖地、冲厕、洗手等的小卡片。

【活动过程】

（一）进行活动前组织幼儿到操场进行大运动量的、时间较长的体育活动，使幼儿感到口渴，回到教室后稳定情绪，然后开始进行此活动

师：小朋友，你们在操场活动后，现在有什么感觉，需要什么？（引导幼儿说出自己的

感受。)

师：(给每位幼儿倒满一杯开水，让幼儿喝。)现在喝完水有什么感觉？我们刚才喝的水叫什么水？

(二) 知道自来水的来源

师：我们喝的开水是从哪里来的？

(出示自来水净水过程图片，向幼儿介绍自来水的净水过程。)

师：江河里的水不清洁，不能直接饮用，自来水厂将江河里的水抽上来进行加工、净化、消毒，变成自来水，通过自来水管道输送到各个地方，我们打开水龙头，自来水就会哗哗地流出来。"

1. 教育幼儿要节约用水，爱护水资源。

出示江河干枯、水库蓄水量减少的图片，教育幼儿要珍惜水资源，节约用水，不要随便把水浪费掉，不然总有一天我们就没水喝，没水用。一些人把垃圾、废物扔到邕江里去，我们喝了不卫生的水，会生病的，所以，小朋友要保护邕江水，使它不受污染。

2. 讨论自来水与人们的密切关系。

师：你们看到爸爸、妈妈、爷爷、奶奶用自来水来干什么？(让幼儿自由讨论。)

引导幼儿讲出自来水与人们的密切关系。

教师小结：我们人要喝水，要洗衣服、洗菜、洗米做饭、洗手、拖地、冲厕，没有了水，我们就没有水喝，就会口渴，没有了水就没办法做饭，没办法拖地，没水冲厕，房子就会很臭等。

3. 让幼儿讲讲应如何节约用水。

师：水的用处那么多，我们应该怎样节约用水？

(让幼儿自由讨论，教师提示幼儿讲出：我们洗手时不要把水龙头开得太大，看到水龙头滴水应马上关起来……)

4. 教育幼儿多喝开水。

师：多喝水对人体有好处，我们应多喝开水，少喝饮料，因为饮料含有大量糖分，对身体没好处，对牙齿不利，多喝了对身体不好。

教师小结：水对人体有好处，对人们也有很多用处，所以，水是我们的好朋友，我们要节约用水，好好保护水资源。

【活动效果评析】

该活动采用了多次让幼儿自由讨论的形式，能使活动气氛活跃，幼儿可在无拘无束的气氛中学到知识。该活动让幼儿了解自来水净化过程。如有条件的幼儿园，可带幼儿进行实地参观，直接了解自来水净化的过程，这样，幼儿的印象会更牢固，掌握得会更好。

【活动建议】

　　教师在活动过程中为了让幼儿了解饮用水的来源，出示自来水净水过程图片，这里可以将自来水净水过程制作成动画的形式，通过播放动画，让幼儿了解自来水的净化过程。另外，在进行活动前，可以让幼儿先去查阅相关资料，了解我国水资源的一些情况，积累一点有关水的知识，这样更利于活动的开展。

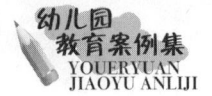

第四章 幼儿园社会领域案例

第一节 幼儿园社会教育的目标、内容和指导要点[①]

幼儿园社会教育的主要目的是增强幼儿的自尊、自信，培养幼儿关心、友好的态度和行为，促进幼儿个性健康发展。其具体目标如下：

一、幼儿园社会教育的目标

1. 喜欢参加游戏和各种有益的活动，活动中快乐、自信。
2. 乐意与人交往，礼貌、大方，对人友好。
3. 知道对错，能按基本的社会行为规则行动。
4. 乐于接受任务，努力做好力所能及的事。
5. 爱父母、爱老师、爱同伴、爱家乡、爱祖国。

二、幼儿园社会教育的内容

1. 引导幼儿参加游戏和其他各种活动，体验和同伴共处的乐趣。
2. 加强师生之间、同伴之间的交往，培养幼儿对人亲近、友爱的态度，教给必要的交往技能，学会和睦相处。
3. 为每个幼儿提供表现自己的长处和获得成功感的机会，增强自尊心和自信心。
4. 提供自由活动的机会，支持幼儿自主地选择和计划活动，并鼓励他们认真努力地完成任务。
5. 在共同的生活和活动中，帮助幼儿理解行为规则的必要性，学习遵守规则。
6. 教育幼儿爱护玩具和其他物品，用完收拾。
7. 引导幼儿接触和认识与自己生活关系密切的不同职业的成人，培养幼儿尊重不同职业人们的劳动。

---

① 教育部基础教育司：《〈幼儿园教育指导纲要（试行）〉解读》，江苏教育出版社2002年版，第32-33页。

8. 扩展幼儿对社会生活环境的认识，激发爱家乡、爱祖国的情感。

三、幼儿园社会教育的指导要点

（1）社会是一个综合的学习领域。社会学习往往融合在各种学习活动中，并渗透于幼儿一日生活的各个环节。

（2）社会学习具有潜移默化的特点，尤其是社会态度和社会情感的学习，往往不是教师直接"教"的结果。幼儿主要是通过在实际生活和活动中积累有关的经验和体验而学习的。教师要注意通过环境影响、感染幼儿。

（3）教师和家长是幼儿社会学习的重要影响源。模仿是幼儿社会学习的重要方式，教师和家长的言行举止直接、间接地影响幼儿，构成他们学习的"榜样"。因此成人要注意自己的言行，为儿童提供良好的榜样。

（4）幼儿的社会性培养需要家、园、社会保持一致、密切配合。

第二节　幼儿园小班社会领域案例

活动1：不做糊涂蛋[①]

【活动目标】

1. 在活动中听听、讲讲、做做，学习简单的生活经验。
2. 具有初步的自我保护意识。
3. 有乐于表达自己的看法和倾听的习惯。

【活动准备】

1. 材料准备：卡通人物"糊涂蛋"大卡片（造型与《白雪公主》中一个叫"糊涂蛋"的小矮人类似），各种食物和玩具。
2. 活动情境：用立体活动教具设置情境。

【活动过程】

（一）介绍小客人"糊涂蛋"，引起幼儿兴趣

教师出示"糊涂蛋"卡片，提问：你们看过动画片《白雪公主》吗？知道这个小矮人叫什么吗？为什么叫他"糊涂蛋"呢？

---

① 陈世联：《幼儿园社会教育》，南海出版公司2009年版，第51-52页。

（二）根据情境，教师边操作活动教具边引导幼儿讨论

情境1：早上空气真正好，糊涂蛋呀起得早，穿着拖鞋去晨跑，一二一，一二一，哎呀呀……

提问：

猜猜发生了什么事？

糊涂蛋能跑快、跑远吗？为什么？

为什么不能穿拖鞋跑步呢？

跑步时应穿什么鞋？其他鞋子应该什么时候穿？

教师小结：小朋友爱动脑筋，知道什么时候穿什么鞋。我们跑步时就应该穿上运动鞋，又舒服又跑得快。糊涂蛋呀真糊涂，穿着拖鞋去跑步，摔个跟斗划不来。

情境2：糊涂蛋在回家路上，看见许多小鸟在天上飞来飞去，真快乐！天上是什么样子呀？我也想飞到天上去玩玩。他爬上一块石头，张开双臂，闭上眼睛，一二三，飞啦！只听"哎哟"一声……

提问：

猜猜糊涂蛋怎么样了？

糊涂蛋能飞到天上去吗？为什么？

谁能飞到天上去？

人有什么好办法飞到天上去？

教师小结：小朋友动了脑筋，想出那么多好办法，真是小精灵。糊涂蛋呀真糊涂，想学小鸟飞上天，结果摔个大跟斗。

情境3：糊涂蛋来到幼儿园，看见红红的玩具大苹果，肯定又香又甜吧？糊涂蛋张开大嘴，"啊呜"一口咬下去……

提问：

这个大苹果为什么不能吃？

（出示脏苹果）这个苹果能不能吃？为什么？吃了会怎样？

还有什么东西不能吃？

教师小结：玩具、脏东西都不能吃，糊涂蛋呀真糊涂，"啊呜"一口咬苹果，牙齿碰痛直甩头。

【练习活动】

师：今天老师带来很多东西，有的是食品，可以吃；有的是玩具，不能吃。小朋友动脑筋找一找，什么可以吃？什么不可以吃？

教师小结：小朋友呀真聪明，吃东西前想一想，玩具、脏东西不能吃，我们不做糊涂蛋。

【活动效果评析】

　　本次活动，教师总共设计了"介绍小客人'糊涂蛋'，引起幼儿兴趣""根据情境，教师边操作活动教具边引导幼儿讨论"和"练习活动"这三个环节，使得活动层层递进。在每个情境后，教师都会提出相应的问题，引导幼儿思考，在幼儿回答的基础上，教师用简单的语言进行小结，加深了幼儿的理解。通过在活动中听听、讲讲、做做，让幼儿学习简单的生活经验，并具备初步的自我保护意识。从活动整体来看，本次活动，基本上达到了活动目的。唯一的不足是，本次活动的展开部分，都是通过教师对情境描述，幼儿回答问题，教师小结这样的模式进行，显得有点单调，不利于激发幼儿参与活动的兴趣。

【活动建议】

　　"不做糊涂蛋"是幼儿园社会领域小班的一个活动。结合小班幼儿的年龄特点，为了更好地达到活动目的，激发幼儿的兴趣，可以将活动中的三个情境制成动画片或幻灯片展示给幼儿。同时，在本次活动进行前，教师可以让幼儿先提前观看动画片《白雪公主》，了解动画片中的糊涂蛋，这样更利于活动的展开。

活动2：不跟陌生人走[①]

【活动目标】

1. 知道不能跟陌生人走。
2. 模拟体验离园情景，知道老师叫到名字，再站起有礼貌地离班。

【活动准备】

　　一位陌生人（由其他班教师扮演）、零食若干。

【活动过程】

　　（一）情景体验：陌生人走进班里来接小朋友

　　陌生人：我接毛毛和东东。

　　这两名小朋友坐着不动，只是怀疑地看着陌生人。

　　陌生人：我是你们妈妈的同事，我带来了许多好吃的，跟我走吧，我把好吃的都分给你们，好吗？（陌生人拿出包装漂亮的巧克力、薯片等食品。）这时，毛毛和东东看到食物后马上站起来，走向陌生人。又有四五个小朋友也跟着走向陌生人，还有的小朋友伸手要陌生人手里的食品。

　　陌生人：还有谁想跟我们一起走？我们还要去游乐场玩呢！（又有两个小朋友站起来跟随

[①] http://wenku.baidu.com/view/1e1b172fe2bd960590c677fc.html.

陌生人往外走。)

教师:(拦住)你们干什么去啊?你们认识她吗?

幼儿摇摇头。

教师:这位阿姨,你知道这些小朋友的妈妈叫什么名字吗?

陌生人:不知道。

教师:你知道小朋友们的家住在哪里吗?

陌生人:不知道。

教师:这位阿姨不认识你们的妈妈,不知道你们的家住在哪里,你们还能跟她走吗?

幼儿:不能。(小朋友们纷纷走回了自己的座位。)

(二)提问引导

教师:为什么不能跟她走呢?

幼儿:她不认识我的妈妈。

幼儿:她不认识我的家。

幼儿:我妈妈说,坏人会把小孩卖到农村,不让回家。

教师:阿姨要是给你们糖吃,你跟她走吗?

幼儿:不走。

幼儿:好吃的糖里可能有毒药。

教师:阿姨带你们去游乐场玩,你去吗?

幼儿:不去。

教师:不认识的人就是陌生人。陌生人来接时,小朋友千万不要跟他走。如果陌生人拿出好吃的。要带我们去游乐场玩儿,我们也不要跟着走,我们要等谁来接才走呢?

幼儿:等爸爸妈妈来接。

教师:对!只有等到爸爸妈妈或家里人来接才能走。爸爸妈妈没来的时候不要着急,要跟老师在一起。如果爸爸妈妈们都来接时,你们也不要着急,要等老师看到你的爸爸妈妈后,叫到你的名字才能离开座位去找爸爸妈妈。

(三)教师自然引出儿歌《妈妈没来我不急》,引导幼儿一起朗诵

(四)幼儿模拟体验离园情景

等教师念到小朋友的名字后才能站起来离开座位,自然走到院子里游戏。活动自然结束。

【活动效果评析】

新小班刚刚入园,幼儿哭闹、家长焦虑的现象,加重了早来园、晚离园环节的工作难度。虽说教师对于这两大环节的工作早有心理准备,但在应对的过程中确也感到紧张和不安,生

怕出现一些安全问题。针对上述问题，教师们精心设计了一系列教育活动，试图通过活动来提升幼儿自我保护的意识与能力。本活动就是其中之一。在活动的设计和组织过程中，教师注重根据小班幼儿的年龄特点，利用情景设置法，具体形象地创设了真实情景，让幼儿通过亲身体验去感受跟陌生人走的危害，使幼儿获得了有益的生活经验，达到了教育的目的。可以说，整个活动自然化、生活化，提升了幼儿的自我保护能力，并能帮助幼儿逐步建立起良好的离园常规。

【活动建议】

新入园的幼儿，总是缠着教师要找妈妈。尤其是晚上离园时，每位家长都急切地想第一个接到自己的宝宝。有的家庭是多名成员同时来接。有的家庭则是今天爸爸妈妈接，明天爷爷奶奶接，后天又是叔叔阿姨接。众多家长陌生的面孔，给教师接待离园工作带来了极大的挑战。为此，根据幼儿的年龄特点，除了应组织相关的安全教育活动外，还应将幼儿园的安全教育渗透在日常生活的方方面面。

附：儿歌《妈妈没来我不急》

幼儿园，门儿开，
爸爸妈妈都接来。
毛毛妈妈没有来，
急得毛毛哭起来。
陌生人，走过来，
千万不要去理睬。
别乱跑，慢等待，
爸爸妈妈一定来。

活动3：我和标志做朋友[①]

【活动目标】

1. 帮助幼儿在新的环境中对属于自己的新物品及生活区域产生一种亲切感。
2. 引导幼儿选出自己喜欢的物品标志，并粘贴在杯子、床铺、个人柜子或其他需要的地方。
3. 能在生活中对号使用物品。

【活动准备】

1. 用色彩鲜艳不同地址的材料来制作各种动、植物的卡通造型，便于幼儿粘贴、佩戴的卡通标志若干。

---

① http://jy.100xuexi.com/view/otdetail/20120719/378ad1aa-edac-43f3-b5f3-8060a89b7a72.html.

2. 幼儿用书第一册4～5页。

【活动过程】

（一）教师出示已准备的各种标志的图片，请幼儿仔细观察并让幼儿说出它们的名字

师：小朋友们，今天老师给大家带来了很多有标志宝宝的图片，我们来看看它们都是谁呀！

（二）教师引导幼儿选出自己喜欢的标志，并让幼儿讲一讲自己标志的特点

师：刚才我们认识了很多标志宝宝，现在请小朋友们选择一个自己喜欢的标志宝宝吧，并告诉小朋友们你的标志宝宝有什么样的特点。

（三）指导、协助幼儿将自己的标志贴到自己选择的杯子、床铺、个人柜子等物品上。

师：我们都选择了自己喜欢的标志宝宝，现在我们就把可爱的标志宝宝贴在我们自己的杯子、床铺上吧。

（四）游戏《小标志找家》，巩固幼儿对自己的标志及物品的位置的记忆

1. 游戏开始：教师分发幼儿所选标志的头饰给幼儿，播放欢快、活泼的音乐，提高幼儿的兴趣。

2. 教师示范游戏玩法。

师：小猫的主人是谁啊？

幼：我是小猫的主人。

师：小猫的家在哪？

幼儿跑出——指出自己的标志及物品，指对了，其他幼儿给予鼓声；指错了，大家一起帮助纠正，教师用语言给予鼓励。

【活动延伸】

在生活中帮助幼儿按标志使用物品。

【活动效果评析】

本次活动通过游戏的方式让小朋友对课程产生兴趣，小班的小朋友刚刚来到新的环境，需要适应的东西很多。本节活动中幼儿在跑跑找找中感受到了快乐，也强化了幼儿对自己标志的记忆。在游戏中幼儿逐渐熟悉了新的环境，幼儿之间也逐渐建立了伙伴关系，在班中建立了归属感。本次活动让幼儿在短时间内用快乐的方式适应了新环境，掌握了最基本的常规。

【活动建议】

本节活动是"我和标志做朋友"，其目的是通过这次活动让幼儿能适应新的环境，并对标

志形成初步的认识，本活动主要包括四个环节，在第四个游戏环节中，如果教师先分发幼儿头饰，幼儿就会将注意力集中在自己的头饰上，而不能认真倾听教师对游戏规则的介绍，因此，建议教师先给幼儿介绍清楚游戏规则，再分发头饰。

活动4：笑一笑，真可爱[①]

【活动目标】

1. 体验快乐的情感，知道快乐的孩子人人喜欢。
2. 能用合适的方式表达自己的情感。
3. 提升幼儿大胆表现自己的能力。

【活动准备】

1. VCD《你是怎样笑的呀》《幸福拍手歌》。
2. 幼儿对歌曲旋律已经熟悉。

【活动过程】

（一）开始部分：游戏《爬山》导入

老师和小朋友一起说儿歌做游戏：大拇哥，二拇弟，中鼓楼，四兄弟，小妞妞，来爬山，爬呀爬呀爬上山。耳朵听听，眼睛看看，鼻子闻闻，嘴巴尝尝，咯吱一下。（小朋友相互咯吱，或者老师咯吱。）

（二）基本部分

1. 请幼儿学学自己是怎样笑的：嘻嘻嘻，哈哈哈哈，咯咯咯……
2. 谈话：请幼儿说为什么笑得这么开心？
3. 鼓励幼儿说说开心的事。

幼儿和老师及其他小朋友一起分享开心的事。

教师小结：小朋友都是快乐幸福的小宝贝，每天有那么多开心的事，笑呵呵的，真可爱。

4. 说说爸爸妈妈，爷爷奶奶都是怎么笑的？什么时候会那么开心地笑？

教师小结：大家一起生活，真幸福，会有很多开心的事情，小朋友真快乐，真幸福。

5. 老师和小朋友一起唱快乐的歌。

（1）老师：ⅹⅹⅹ（幼儿名字），你是怎样笑的呀？笑给大家听一听。幼儿回答：嘻嘻嘻，嘻嘻嘻，我是这样笑的呀，大家一起笑一笑，大家一起笑一笑。（边说儿歌边拍手。）

（2）幼儿熟悉歌词内容以后，老师演唱，幼儿回答笑声。

（3）幼儿和老师一起演唱，老师叫到谁的名字，大家就跟着学他的笑声。

[①] http://www.jy135.com/html/youerjiaoyu/xiaobanhuodong/xiaobanshehui/40502.html.

（三）结束部分

放《幸福拍手歌》小朋友一起感受幸福快乐。

【活动效果评析】

在活动中，幼儿的常规很好，教师的预压舒服，教态自然、亲切。活动设计紧凑，由浅入深。结束部分的歌曲，使活动的主题得到升华。活动中老师能关注到每一个孩子的需要，这一点是比较好的。

【活动建议】

在歌曲演唱中，把"嘻嘻嘻"，改成"哈哈哈""呵呵呵"等更好，更适合小班幼儿的年龄特点。《幸福拍手歌》让孩子多充分地展现自己的情绪，会更好。

活动 5：马路上的车[①]

【活动目标】

1. 掌握常见车的名称、外形、特征和用途。
2. 了解简单的交通规则，提高自我保护意识，注意安全。

【活动准备】

各种车的图片、交通信号灯的图片、《汽车开来了》游戏音乐。

【活动过程】

（一）提问导入新课

师：今天早上你坐什么车来的幼儿园？你还见过什么样的车？

启发幼儿说说车的名称、特征和用途？

教师：马路上的车很多，有大车，有小车。

（二）活动展开

1. 认识各种各样的车。

请看课本彩图《马路上的车》让幼儿认识各种各样的车，观察车的特点，并学习儿歌："大的车，小的车，大车小车来回跑，叮铃铃，自行车，嘟嘟嘟，大卡车。嘀嘀嘀，小汽车。刷刷刷，扫路车。索——来，索——来，洒水车。"

2. 认识交通信号灯。

师：各种各样的车都会给我们的生活带来许多方便。但是路上一定要安全行驶，必须遵守交通规则，（出示交通标志：红绿灯）知道"红灯停，绿灯行，黄灯亮了等一等"。

[①] http://www.jy135.com/html/youerjiaoyu/xiaobanhuodong/xiaobanshehui/39081.html.

游戏：交通信号灯

（指导幼儿听音乐做游戏，巩固对红绿灯的认识）

师：小朋友今天老师指挥交通，小朋友当司机，我们一起到马路上瞧一瞧，请你做好准备，汽车马上开了。（幼儿边唱歌曲《汽车开来了》，边模仿小司机的动作。）"叭、叭、叭，汽车开来了，看见红灯不能走，看见绿灯快快走，叭、叭叭叭，叭、叭叭叭，汽车开来了。"

【活动延伸】

师：这节活动小朋友懂得了许多道理，还认识了马路上各种各样的车，那么你到底喜欢什么样的车？请你动手画下来，好吗？开车回活动室。

【活动效果评析】

整个活动以"游戏"为载体，使幼儿在轻松愉快的氛围中，学到了知识，懂得了道理，达到了预期的效果。

【活动建议】

小班幼儿的思维主要是直觉行动思维和具体形象思维，在整个活动中，教师通过图片、幼儿游戏等方式让儿童认识了各种各样的车。活动导入部分除了谈话导入外，还可以通过其他方式导入。同时，在做游戏之前，教师一定要给儿童介绍清楚游戏规则，这样儿童才能很好地参与到游戏中。

第三节　幼儿园中班社会领域案例

活动1：我爱爸爸妈妈

常州市鸣珂巷幼儿园　左孀萍　宗敏丽

【活动目标】

1. 了解父母与自己的关系，感受家庭成员间的亲密情感和亲情的温暖。
2. 理解词汇：父爱、母爱。
3. 尊重父母，尝试用多种方式表达对父母的爱。

【活动准备】

1. 知道孟母三迁、黄香温席的故事，了解《弟子规》中有关亲人间互相关爱的话语，会歌曲《感恩的心》的手语。
2. 《我爱爸爸妈妈》的多媒体课件。

3. 勾线笔、纸、插纸架。

【活动过程】

（一）爱的熏陶——观看"爸爸妈妈抚养孩子长大"的录象片段，感受亲人的爱

（教师故意选取本班孩子小时候的录象片段，让孩子在欢快的笑语中真实地感受到爱就在身边，使活动一开始就紧扣幼儿心弦。）

出现情况：幼儿可能会对录像中出现的宝宝形象与同伴进行对号入座，把关注点转移到"这是谁"的问题上。

应对策略：老师可在观看前直接告诉他们录象中的宝宝是谁，让幼儿带着"仔细看看大人们在干什么？"的问题来观看录像。

（二）爱的感悟——故事欣赏，感知父母对自己的爱

1. 语言表述父母对自己的关心照顾，理解父爱与母爱的含义。

师：你的爸爸妈妈是怎么关心照顾你的？（幼儿交流自己被父母照顾的生活经验。）

出现情况：孩子可能会因为感性经验和兴趣点更多地想到父母带自己去看病，给自己买好吃的，买玩具这些事。应思考如何扩大幼儿视野，让他们发散思维，多角度来讲述。

应对策略：活动前可开展一些丰富生活经验的小活动，如让幼儿交流自己父母的工作，记录父母的生活作息时间，观察爸爸妈妈是如何照顾他们的爸爸妈妈的……这些经验都可作为幼儿讲述的对象。

师：爸爸妈妈对你们的关心照顾太多了，我真感动！他们为什么这么做？

师：爸爸妈妈这么关心照顾你是因为他们很爱你。什么叫父爱？什么叫母爱？（理解父爱与母爱的含义。）

2. 出示《弟子规》片段，结合生活经验理解"亲爱我，孝何难"的内容，进一步感受家庭成员间的亲密情感和亲情的温暖。

出现情况：幼儿园孩子不识字，现代书面语与古代文言文差别太大，老师朗读"亲爱我，孝何难""亲憎我，孝方贤"的文言句显得空洞，脱离幼儿实际生活。

应对策略：《弟子规》的话语我班幼儿已有接触，教师可把它所隐含的一些道理作为本班幼儿社会活动与心理活动的题材来开展。平时可以让幼儿逐步理解"亲爱我，孝何难""亲憎我，孝方贤"中主要字词的大概意思。

3.《孟母三迁》故事欣赏，理解母爱、父爱的另一种表现方式。

出现情况："你们爱爸爸妈妈吗？"回答肯定是爱。"为什么？""因为他们给我买玩具、书、好吃的。"这就是幼儿最简单的思维，最直观的表述。经常会有孩子来告诉老师自己在家挨打了，但不是讲不出挨打的原因就是说话时表现出很委屈的样子，不理解父母为什么要这样对自己。如何让他们理解爸爸妈妈批评、责打自己的这种做法呢？

应对策略：认知心理学家班杜拉认为，对于个体社会行为的掌握而言，与模仿相比直接学习是一种更基本的途径。当幼儿观察到自己的这一行为所产生的后果，就会逐渐形成"何种行为在何种场合下是适宜的"的假设。如果这些假设行为得到了肯定的结果，将强化他们从事这类行为。因此，直观形象的故事、同伴与自己真实的生活经验、循循善诱的谈话都可作为帮助幼儿理解的教学方法。当教师提出问题："爸爸妈妈打你、骂你吗？那他们在惩罚你的时候，你认为他们还爱你吗？为什么？"幼儿会重新审视自己的行为，得到"他们这么做也是在爱我"的肯定回答。

师：你们听过"孟母三迁"的故事吗？你认为孟母爱孟子吗？

师：故事里并没有提到孟母像你们的爸爸妈妈那样关心照顾孟子，你又是怎么知道孟母很爱孟子的？（讨论孟母三次搬家的原因。）

教师总结：批评孩子、责骂孩子也是父母爱孩子的一种方法。

（三）爱的行动——尝试用多种形式表达对父母的爱

出现情况：感恩是一种抽象的心理活动，如何调动幼儿积极性把这种心理活动显现出来？

应对策略：班杜拉指出：模仿在儿童行为的习得中是一种更重要的途径或机制。儿童的许多行为都是通过对象征性榜样行为的模仿而获得的。在模仿学习的注意过程中运用《黄香温席》的课件能够有效地唤起和保持幼儿对模仿行为的注意。在保持过程中，绘画记录"我想为爸爸妈妈做的事"通过想象与言语表达使幼儿观察过的行为在记忆中重现。手语表演《感恩的心》则把本次活动推向高潮，音乐、肢体元素积极地刺激幼儿感悟亲情的可贵，感恩的心理得到强化。

1. 《黄香温席》故事欣赏，激发幼儿用行动来表达自己感恩的心理的欲望。
2. 幼儿绘画记录"我想为爸爸妈妈做的事"，来进行爱的表达。个别幼儿进行画面描述。
3. 幼儿用肢体语言表达对父母的爱——随音乐进行歌曲《感恩的心》的手语表演。

【活动延伸】

师：当爸爸妈妈给你关心照顾的时候，你有没有说过一声谢谢？回家后请你对爸爸妈妈说一句悄悄话，来感谢爸爸妈妈对你这么多的关心和照顾，好不好？

（儿童的发展是可持续性发展的过程，对幼儿情感、能力、知识技能的培养存在于他们的一日活动中，教学只是其中一环节。活动延伸作为幼儿行动后及时反思的一种学习手段，它将使幼儿强化所获得的行为与心理。心理活动的教育除了教师的直接介入，更需要家庭系统的协作配合。因此，活动延伸中，教师设计了"回家后对爸爸妈妈说一句悄悄话"这一环节，作为模仿学习的动机过程，让幼儿利用语言主动表达感恩心理，引发其再次观察榜样行为，使理解父母、关爱父母的目标在实际行动中有效达成。）

【活动效果评析】

在此活动中，教师以幼儿为主体，让幼儿在活动中了解父母与自己的关系，感受家庭成员间的亲密情感和亲情的温暖，尊重父母，尝试用多种方式表达对父母的爱，并表露了他们的真情，当教师提出问题："爸爸妈妈打你、骂你吗？那他们在惩罚你的时候，你认为他们还爱你吗？为什么？"幼儿重新审视了自己的行为，很多幼儿说出了："爸爸妈妈打我们、骂我们，他们这么做也是在爱我。"由此可见，幼儿对爱有了更深层次的理解。

【活动建议】

本活动是一个关于爱的教育的活动，本活动要达到的目标之一是"尝试用多种方式表达对父母的爱"，因此，在活动中教师可以让幼儿选择自己的方式表达对父母的爱，不单是通过绘画的方式，还可以通过其他方式。

活动2：我把垃圾分一分

遵义市红花岗区机关幼儿园　彭锦

【活动目标】

1. 知道垃圾分类的好处，并会进行简单的垃圾分类。
2. 明白随地吐痰、乱扔果皮等不良行为会破坏环境的整洁，影响人们的身心健康。
3. 养成爱护环境的好习惯。

【活动准备】

课件"大大的垃圾山"，不同类别的垃圾和4个垃圾桶，大挂图1幅。

【活动过程】

（一）律动导入活动

教师与幼儿一起做律动，吸引幼儿的注意力。

（二）认识垃圾的危害

教师提出问题，引起幼儿思考：小朋友，你们见过垃圾吗？哪些东西是垃圾呢？垃圾有哪些危害？如果我们身边有垃圾，我们应该怎么做呢？（幼儿自由讲述。）

教师小结：垃圾扔在地上，会影响我们的身体健康，会污染我们周围的环境。我们不能把垃圾随便扔在地上，要扔到垃圾箱内，做一个保护环境的好孩子。

（三）幼儿拾垃圾

教师将活动室的一角布置成垃圾堆，现在请小朋友帮助老师把这堆垃圾处理掉，让我们动手吧!

（四）教师演示课件"大大的垃圾山"

师：听，是谁在哭呢？它为什么哭呢？请幼儿积极发言。

（五）垃圾找家

请幼儿为垃圾桶选择颜色

幼儿讨论后，确定颜色。

教师小结：不可回收的垃圾——绿色；可回收的垃圾——黄色；有害的垃圾——红色。

（六）变废为宝

幼儿与教师共同利用可回收垃圾设计各种玩具。

（七）保护环境，提出问题，相互讨论

【活动效果评析】

活动设计符合幼儿的年龄特点，教师在活动过程中设计了几个环节：提问、拾垃圾、变废为宝、讨论，各环节层层递进、动静交替。教师设计的提问不仅能够激发幼儿的思维，引发幼儿思考，而且可以培养幼儿保护环境的意识和行为。通过这次活动，幼儿了解了人类与自然环境相互依存的关系，知道了环境的破坏会给我们带来怎样的灾难，懂得了保护环境是我们每个人应尽的义务。

【活动建议】

教师可以通过演示课件"大大的垃圾山"导入活动，在此基础上提出一系列的问题，引导幼儿认识垃圾的危害，学会分类回收垃圾，能够用自己的巧手将垃圾变废为宝。

活动3：快乐的生日[①]

【活动目标】

1. 能够对过生日的小朋友表达祝福。
2. 尝试用提供的材料制作生日礼物。
3. 增强成功感和自我价值感，真正体验到过生日的快乐和自豪。

【活动准备】

1. 老师对本班孩子的生日做好统计。
2. 过生日的小朋友准备一件白色T恤和生日蛋糕的帽子。

---

① http://www.zuixue.com/yj/201205/1770.html.

3. 活动需要其他备课的老师参与。
4. 水彩笔若干、《祝你生日快乐》音乐。
5. 幼儿用手工材料：卡纸、即时贴、橡皮泥、胶水、毛线绳等。

【活动过程】

1. 导入部分——教师放《祝你生日快乐》音乐

师：刚才你们听到的是什么歌曲呀？

师：猜一猜，今天谁过生日呢？

请出我们今天的主角繁硕小朋友。（繁硕小朋友头戴生日帽，身穿白T恤出场）请繁硕小朋友介绍自己（说一说自己的名字、今年几岁、家住哪里以及家庭成员等，教师中间可以提示。）

2. 孩子们送上祝福的话语表达友情

师：繁硕小朋友今天过生日，你们有什么祝福的话要对他说吗？（幼儿踊跃发言。）

老师请孩子依次说自己祝福的话语，中间可以穿插游戏《猜声音》。请繁硕小朋友背转身，小朋友说完后，请繁硕小朋友猜一猜是谁在祝福他。

师：繁硕小朋友，听了那么多祝福的话语，你心里觉得怎么样？（很高兴、热热的）

教师总结：有了朋友不孤单，有了朋友就能感受到别人的关爱。我们都要做一个关心别人、关心自己的人，这样就会有更多的朋友。

3. 请过生日的小朋友到旁边听课的老师那里签名，其他小朋友动手做生日小礼物

师：小朋友们除了送给繁硕小朋友这么多的祝福以外，想不想自己动手，做一个小礼物送给繁硕呢？（请小朋友们自由选择材料，到活动区域动手制作。）

老师指导过生日的小朋友，有礼貌地向听课的老师打招呼："老师，您好！今天是我的生日，您能在我的衣服上签名，祝我生日快乐吗？"接下来，可以与签名的老师聊天，也可以继续寻找下一位签名老师。

4. 请做好手工作品的小朋友互相欣赏一下自己的作品并且把它送给过生日的小朋友。最后全场齐唱《祝你生日快乐》歌曲，并且自由舞蹈，祝福过生日的小朋友。

【活动延伸】

1. 让过生日的小朋友将签名的T恤带回家布置在自己的房间当壁挂，让孩子产生成就感，乐意与人交往。

2. 把孩子们的手工制作布置在美术区，增强孩子们之间的友情，增强他们的集体责任感和荣誉感。

【活动效果评析】

本次活动增强了孩子们的自我价值感和成功的体验，尤其是过生日的小朋友，感到自己又长大了一岁，那种自豪感油然而生。孩子们在活动中学会了与人交往、给予别人关爱和接

受别人关爱,社会交往能力得到了锻炼和加强。活动中孩子们的兴趣极高,在发言时秩序有些乱,教师要善于用恰当的表情和手势掌握并调节课堂气氛。孩子们手工制作的材料可以提供得再丰富一些。

【活动建议】

在活动环节三,教师通过让幼儿应用提供的材料给过生日的小朋友制作生日礼物,一方面能够提高幼儿的动手操作能力,另一方面,有助于增进幼儿之间的情感。教师在材料的提供方面可以更丰富些。

活动4:拨打报警电话

遵义市红花岗区机关幼儿园　彭锦

【活动目标】

1. 知道几个常用的报警电话,并学会如何正确地拨打报警电话。
2. 增强自我保护能力。

【活动准备】

1. 幻灯机、幻灯片。
2. 三幅有关突发事件的图画。
3. 一部模型玩具电话。

【活动过程】

(一)通过讲述故事,吸引幼儿们的注意力

1. 教师讲述故事。
2. 与幼儿一起讨论以下问题。

师:110是什么电话号码?你还知道哪些报警电话?

(二)设置"该怎么办"的活动情境,引导幼儿自由讨论

引导幼儿通过看图片、说故事等吸取相关经验,问:小朋友遇到这样的情况时怎么办,我们和他一起想办法好吗?让幼儿相互讨论,教师也可以与幼儿一起讨论、相互配合,培养幼儿合作学习的习惯。

(三)学习如何拨打报警电话

(四)做游戏,让幼儿学习拨打报警电话

1. 出示图片一:小朋友在家玩打火机,一不小心把窗帘烧着了,小朋友该打什么电话报

警呢？请幼儿说出打什么电话报警，并上来演示如何向消防叔叔报警。

2. 出示图片二：一个骑着自行车的人突然昏倒在地，路人马上拨打报警电话，救护车把病人救走了。路人是拨打什么电话号码报警呢？

3. 出示图片三：小朋友在街上玩耍迷了路，这时该打什么电话号码报警呢？

可以请几个小朋友上来表演拨号并联系如何向警察叔叔报警，以让幼儿边唱儿歌边玩游戏的方式结束活动。

【活动延伸】

在教师的活动区板房设置一部电话玩具模型，让幼儿在游戏活动过程中练习拨打报警电话。

【活动效果评析】

该活动从对拨打电话的了解到学习再到表演，层次设置得很清晰，幼儿在各个环节中的兴趣很高，完成得也很好。本活动的亮点是教师用不同的图片故事来设置不同的场景，图片的内容既直观又充满想象的空间，很符合孩子的心理特点。幼儿在不断地尝试和表演的过程中，亲身感受了危急情况下要具备的一些能力，同时对报警电话也有了更深的了解。

【活动建议】

教师可以将活动过程的前三个环节整体制作成一个有故事情节的幻灯片，通过播放幻灯片，提出相应的问题，引导幼儿明白什么情况下应该拨打什么报警电话。

活动5：遇到受伤的动物或陌生人怎么办[①]

【活动目标】

1. 萌发与树立生存意识，培养幼儿正确处理人际交往中特殊情况的能力。
2. 拓展思维方式，提高语言表达能力。

【活动准备】

1. 森林背景图一幅、冻僵的蛇一条、受伤的狼（图书）一幅。
2. 场景布置一扇门，请一幼儿不认识的人参与。
3. 幻灯机、幻灯片。
4. 活动前讲过《农夫与蛇》的故事。

---

① 尹坚勤：《幼儿园教育活动案例精选》，南京师范大学出版社2002年版，第90-91页。

【活动过程】

（一）以《农夫与蛇》的故事进行讨论，引出主题

1. 出示森林背景图及冻僵的蛇，提问：听了《农夫与蛇》的故事，现在你们遇见这条冻僵的蛇会怎么做呢？（引导幼儿根据老师上节课的小结展开讨论，重点讨论不同的取暖方法。）

2. 出示受伤的狼的图片提问：图上有谁，怎么了？你会怎么做？

教师小结：在动物世界里，救动物时我们要防止被动物伤害，可以找专门的大人来救它，再放回森林里去。那么如果遇到受伤的坏人你又会怎么做呢？（幼儿讨论。）

（二）情境表演，引发幼儿的生存意识。

情境1：一个陌生人进来扮演受伤者，让多个幼儿用语言与他对话。

情境2：一个陌生人要带幼儿去玩，或给他们东西吃，让他们用行动或语言表达出自己的处理方法，结束后小结。

情境3：家里只有你一个人，有人来敲门怎么办？场景布置好，请多个幼儿来用行动和语言表达自己的处理方法，表演后小结。

（三）开动脑筋想想"怎么办"

1. 出示第一张幻灯片，一幼儿在公园里看到同伴的手被弄破了，怎么办？

2. 出示第二张幻灯片，一幼儿和同伴在家里玩火，引起家里着火了，怎么办？

教师小结：在日常生活中，小朋友可能会遇到各种各样的事情，只要小朋友坚强、勇敢、爱动脑筋想办法，就一定能做好。

【活动效果评析】

在此活动中，一开始从幼儿特别感兴趣的危险动物的受伤、寻求帮助入手，让幼儿讨论，对他们想出的任何方法都不予以否定，充分发挥幼儿的积极性。接着，自然过渡到"遇到坏人你会怎么办"这样一个现实的生活中的问题。这时幼儿则更加投入，"跑掉""找警察"等各种方法应运而生，幼儿的思维积极运转，课堂气氛非常热烈。紧抓这一时机，教师又将幼儿带入下一个游戏环节——情境表演。对幼儿浓厚的表演兴趣和认真的表演及时加以肯定和鼓励。最后小结，教会幼儿用正确的方法解决生活中遇到的问题。整个活动过程中，幼儿始终抱有浓厚的兴趣，在不知不觉中得到了生存的教育。

【活动建议】

本活动，教师通过出示相应的图片帮助幼儿回忆《农夫与蛇》的故事导入活动。为了引发幼儿的生存意识，教师又创设相应的情境，让幼儿在参与表演的过程中，获得相关知识。这符合幼儿的思维主要是直觉行动思维和具体形象思维的特点。为了更好地促进幼儿的发展，在活动中，教师还可以让幼儿进行小结。

第四节 幼儿园大班社会领域案例

活动1：品味中国茶

江苏省江阴市辅延中心幼儿园 陈丽红

【活动目标】

1. 了解茶的分类及用途，学习区分红茶、绿茶、乌龙茶。
2. 欣赏茶艺表演，品尝功夫茶，初步了解品茶礼仪。
3. 初步感受、体验中国的茶文化，激发民族自豪感。

【活动准备】

1. 功夫茶茶具、茶叶；泡在透明杯中的红茶、绿茶、乌龙茶各一杯；品茗杯人手一只；古筝音乐；教师会表演功夫茶茶艺或邀请茶艺师表演。
2. 幼儿喝过红茶和绿茶；欣赏过常见茶具。

【活动过程】

（一）学习区分红茶、绿茶、乌龙茶，了解茶的分类及用途

1. 观察茶叶，从颜色、外形、香味上区分茶叶，教师介绍乌龙茶茶名的由来。

（1）师幼围站桌边，师：看看盆子里是什么？（教师启发幼儿比一比三种茶叶的不同。幼儿已有粗浅的辨茶经验，自然地用看颜色、闻味道、比外形的方法来区分盆中的茶叶。）

（2）师幼坐下，师提问：一共有几种茶？你认识哪一种茶？（幼儿轻松地分出其中的红茶和绿茶，师鼓励幼儿说说如何区分。）

（3）师出示乌龙茶：这是什么茶？它是什么形状的像什么？师告诉幼儿这种搓成小圆球状的茶叶叫乌龙茶，师讲解乌龙茶的传说。（乌龙茶幼儿没有接触过，教师介绍乌龙茶的传说时他们听得很专注，传说深深吸引了幼儿的注意。）

师小结：三种茶叶分别是红茶、绿茶和乌龙茶，可以看茶叶的外形、闻茶叶的香味来区分。

2. 观察泡好的三杯茶，从茶汤的汤色、茶味上区分三种茶。

（1）师出示三杯茶：我用三种茶叶分别泡了三杯茶，怎么来区分它们呢？（幼儿争着说出红茶、绿茶的茶汤分别是红色和绿色，师肯定幼儿回答并启发说出乌龙茶的茶汤是琥珀色的。）

师：可以看泡好后茶汤的颜色来区分不同种类的茶，还有其他的方法吗？（好几个孩子讲出了可以喝一喝，从茶的味道来区分不同的茶，我及时表扬，肯定可以看茶汤颜色、尝茶汤味道来区分三种茶。）

师小结：我们可以用看外形、闻香味、看汤色、品茶味来区分红茶、绿茶、乌龙茶。

（2）讲讲说说：喝茶的好处及茶叶的其他用途。师简单介绍中国茶的茶史，让幼儿知道中国是茶的发源地，是茶的祖国，激发幼儿的民族自豪感。（喝茶的好处孩子讲了很多：止渴生津、提神益思、强身防病、减肥消脂等，这些知识都是在收集资料时积累的，当老师介绍中国的茶史时，孩子脸上显露钦佩、自豪的神情，由衷地感慨中国人真了不起。）

（二）欣赏茶艺表演，幼儿品茶，感受茶文化

1. 幼儿欣赏功夫茶茶艺表演。

师：今天请大家喝功夫茶，什么是功夫茶，小朋友猜一猜。（有的孩子说喝了功夫茶就会武功了，逗得大家哈哈笑。）

教师介绍：之所以叫功夫茶是因为泡茶的方式极为讲究，操作起来要有一定的功夫，泡茶、沏茶、品茶都有很多的学问。

教师表演功夫茶茶艺。（我身披传统披肩，操作精致的功夫茶茶具，用简洁易懂的话语介绍茶道，孩子目不转睛地欣赏，表演结束送上了热烈的掌声。）

2. 教师示范闻香品茗：细闻幽香、品啜甘霖。

师：小杯的茶应该怎样欣赏和品尝呢？教师表演"闻香品茗"。（我轻轻地吸气闻香、细品香茶。教室里茶香四溢，古筝悠悠，孩子们屏息凝神深深陶醉。）

3. 幼儿品茶，学习"三龙护鼎"手法，说说茶香、茶味以及品茶的感受。

（1）教师介绍"三龙护鼎"的品茗手法：以拇指与食指扶住杯沿，以中指抵住杯底，俗称三龙护鼎。

（2）幼儿人手一只品茗杯，师给幼儿斟茶，一起闻香品茗，互相说说乌龙茶的茶香、茶味以及品茗时心里的感觉。（孩子端起杯子翘着兰花指，颇有架势，脸上满是兴奋和惊奇。）

（三）幼儿动手泡茶、品茶，交流感受，请听课老师品茶

（1）教师介绍提供的茶具，要求幼儿泡茶时注意安全，品茶、请茶时注意手法和礼仪。

（2）幼儿动手泡茶、品茶、请茶，互相交流感受。（幼儿开心地选择茶壶和茶叶，老师帮助倒上开水，我启发幼儿先观察茶叶、茶汤的变化，品一品自己泡的茶，然后请听课的老师品茶。孩子们大都先痛快地喝上好几杯茶，然后兴奋地给老师倒茶，还请老师猜猜喝的是什么茶。听课的老师同样对功夫茶产生了浓厚的兴趣，向孩子们请教品茶的手法，大家沉浸在温馨、美好的气氛中。）

师：中国人喝茶非常有讲究，不同的茶叶要用不同的茶具和不同的泡茶方法，我们下次再来了解更多的中国茶的学问。

【活动效果评析】

本活动教师在幼儿已经具备初步的茶知识的基础上，让幼儿从观察茶叶外形—闻香味—看茶汤的步骤来区分红茶、绿茶、乌龙茶。在幼儿会区分的基础上将充裕的时间留给孩子欣赏茶艺表演，学习茶的礼仪手法。活动中孩子们学得非常专注，活动最后过了茶瘾的孩子开始研究茶具，还要求"古筝音乐放响一点"。反思整个活动，主要有三个成功之处：环境创设合理适宜，活动氛围轻松愉悦；教师支持合作引导，幼儿自主探究发现；茶艺表演引发亮点，情感教育自然激发。"沏茶品茶，分享体验"这一环节是本次活动的亮点，在婉转动听的乐曲声中，教师用精美的茶具、精彩的手法向孩子们演绎了功夫茶独特的茶艺，给孩子美的享受，同时在观赏之后及时满足孩子跃跃欲试的冲动，放手让他们自己动手泡茶。在泡茶、品茶、敬茶的过程中，幼儿乐意与人交往。本次活动增进孩子对中国茶文化了解的同时也让孩子们体验到了成功与快乐，激发了孩子们身为中国人的自豪感。一个快乐的活动或许就为孩子走进经典铺下了一块引路石。

【活动建议】

教师在活动环节二"观察泡好的三杯茶，从茶汤的汤色、茶味上区分三种茶"的讲讲说说这一部分，为了让幼儿能够更好地了解中国茶的茶史，知道茶的用途，可以通过多媒体播放相关的视频，这样声形具备的介绍比教师简单的用语言介绍更符合幼儿的年龄特点。另外，教师除了可以让幼儿从观察茶叶外形、闻茶叶香味、看茶叶汤色方面来区分绿茶、红茶和乌龙茶外，还可以让幼儿通过品尝三种不同的茶汤从味觉上对三种茶叶进行区分。中国作为茶的发源地，茶文化博大精深，因此，为了让幼儿更深入地了解茶，"品味中国茶"这一活动可以设定为两个课时，第一个课时将重点放在对茶的区分上，第二个课时将重点放在中国茶艺表演上。

活动2：小小交易会

无锡市石塘湾中心幼儿园　张月娟

【活动目标】

1. 学习用各种方法推销自己的商品，探索买卖的方法和策略。
2. 在自由购买或出售"商品"的活动中丰富生活体验。
3. 爱惜玩具，体验变旧为宝的快乐。

【活动准备】

1. 家长和幼儿一起准备买卖所需的商品（如旧图书、玩具、饰品……），并一起商量后给商品标上合理的价格。
2. 为孩子每人准备5元钱，方便幼儿在买卖时使用。

3. 幼儿有参观超市的经验，并拍录下来。
4. 活动背景音乐磁带。

【活动过程】

（一）情境设置，引发问题

1. 观看在超市购物的录像。

师：超市中那种商品受欢迎，卖得快？为什么卖得快呢？

幼儿讨论后得出小结：卖得快的东西有些共同的特点，比如价格有优势、比如功能受欢迎、比如营业员会介绍……要想东西卖得快就得在这些方面想办法。

2. 观看木偶表演"小兔卖玩具"，引起买卖交换玩具的兴趣。

师：小兔真能干，把自己不喜欢的旧玩具卖出去，成了别人的新玩具。把别人的旧玩具买回来，成了自己的新玩具。这样大家都有玩具了。

（二）探索买卖玩具的方法和策略

师：今天小朋友也带来了许多旧的玩具，你们想不想把它们卖掉？你想怎么卖？

1. 请幼儿上来操作演示卖玩具的方法。
2. 提出买卖玩具的要求：幼儿分成两组，一组为买方，一组为卖方。鼓励卖的幼儿动脑筋想各种办法，买的幼儿看清楚自己想买哪样。
3. 尝试买卖玩具：观察幼儿没有卖掉玩具的原因。
4. 组织讨论：你的玩具有没有卖掉？你是怎么卖的？
5. 两组交换买卖玩具，没卖掉的幼儿继续卖。

（三）再次尝试操作，体验变废为宝的快乐

师：你们高兴吗？为什么？

教师小结：每个人都把自己的玩具卖出去了，买到了自己喜欢的新玩具，大家都拥有了新的玩具。我们今天真高兴，知道了旧的玩具用处也大，它可以给其他人带来快乐，所以小朋友要爱惜玩具，让它给每个人都带来快乐。

（四）幼儿一起欣赏新玩具并将玩具带回家，体验新玩具的快乐

【活动效果评析】

实践活动主题的选择、确定必须体现时代特征，紧扣时代脉搏，充满时代气息，具有时代精神，否则就会使活动缺乏活力，失去生命力。现在的孩子都是独生子女，家长对他们总是有求必应，使他们缺乏对他人的尊重，欠缺与人交往的技巧。而21世纪是一个高科技文明的时代，也是一个人际交往非常频繁的时代。人们对交际不断提出新的方式与新的要求。幼儿园是儿童社会化的重要场所之一，在幼儿园里，教师通过组织一系列的活动，让儿童学会

与他人交往,锻炼幼儿勇于参与、大胆实践的品质。在本次活动中,幼儿的情绪高涨,为了卖掉自己的玩具,热情地大声吆喝,拉拢顾客,宣传自己玩具的优点,甚至不惜降价……孩子真正体会到买到新玩具的快乐,更懂得了旧玩具的巨大作用。活动不仅培养了幼儿的观察力、分析能力,更扩大了孩子间的交往,为孩子今后走入社会打下了基础。

【活动建议】

该活动名称为"小小交易会",因此,教师除了让幼儿买卖玩具外,还可以提供日常生活中幼儿常见的一些生活用品进行买卖,激发幼儿参与热情,丰富幼儿生活经验。

活动3:着火了怎么办[①]

【活动目标】

1. 遇到火灾时能保持冷静的态度。
2. 会根据不同的情况选择不同的自救方式。
3. 认识消防工具及紧急出口标志。

【活动准备】

1. 知识储备:知道自己家的地址。
2. 物质准备:电脑、课件、盆、毛巾、救生绳、手电筒、彩色布。

【活动过程】

(一)游戏方式进入课题(放课件:消防车的声音)

师:在一个小朋友家里发生了一件很危险的事情:起火了!我们一起开救火车去灭火救人。

(二)火灾自救

1. 出示课件,创设情景:一小朋友家起火了。

师:你们看到了什么?听到了什么?小朋友都急哭了,怎么办呀?快帮他想想办法吧!(引导幼儿运用已有经验说出自救办法。)

2. 探索各种自救的方法和工具的使用。

鼻口捂住湿毛巾,看清路标往外跑(课件:安全出口)

3. 示范讲解正确的逃生方法:用湿毛巾捂住口鼻,防止将有毒气体吸入体内。弯曲身体是因为烟往上升,低处烟会少些。(请幼儿来模仿动作。)

4. 选择躲藏地方求救。

---

① http://www.lspjy.com/thread-158433-1-1.html.

师：如果已经逃不出去了，应该躲到什么地方最安全？（幼儿讨论。）

出示课件：大的有窗户的房间（点击出现物品：电话、盆、毛巾、手电筒、绳彩色布等）、小的无窗户的房间。

教师小结：我们应该躲到远离火源，较大的有窗户的房间，那样方便我们向外求救，大房间还可以供给我们更多的氧气。

5. 电话报警（119）。

师生模拟电话报警，要求幼儿说清楚自己家的地址。

师：电话不通如何向外求救？

手电筒——夜间用闪烁手电筒的方式求救。

彩色布——白天向外晃动彩色布求救。

绳子——在情况十分紧急之下，如果起火的是三层楼以下可以用绳子，一端捆牢固，沿绳子爬下。

其他自救方法。

（三）安全知识提升教育（出示课件：《火灾教育儿歌》）

火灾起，怕烟熏，
鼻口捂住湿毛巾。
身上起火地上滚，
不乘电梯往下奔。
阳台滑下捆绳索，
盲目跳楼会伤身。

（四）看课件，说防火，认识消防工具

师：发生火灾可真危险，那么怎么防止火灾发生呢？

1. 四个场景：小朋友在家不玩火、大人不乱扔烟头、煤气使用后要关闭、电器用后要切断电。

2. 认识消防工具：救火车、灭火器、消防栓、云梯。

师小结：这些物品是消防员在灭火时的工具，它们对灭火有很大的用处，小朋友在楼道内看到这样的物品可不要乱动哦！

（五）模拟演练：逃离火灾现场

师：小朋友懂得的可真不少，现在我们带着这个小朋友，沿着安全出口手捂湿毛巾弯腰逃离火灾现场吧！

【活动延伸】

找找我们身边常见的消防工具，和同伴谈谈如何防止火灾的发生。

【活动效果评析】

本次活动充分运用了现代教育手段，将有关火灾场景、安全标志、自救方法、消防工具等幼儿不易觉察的防火、自救内容形象，直观地展现在幼儿面前。在活动过程中，教师充分尊重幼儿已有的知识经验，通过谈话、演练等方式，丰富了幼儿的语言，调动了幼儿的思维，并以儿歌的方式巩固提升了幼儿防火自救知识。

【活动建议】

《纲要》中指出要密切结合幼儿生活进行安全教育，提高幼儿的自我保护能力。在幼儿园适时地开展系列的安全教育活动，使幼儿从小树立安全意识。因此，"着火了怎么办？"这个活动在主题选择上是非常成功的。在本活动中，为了让幼儿真正学会火灾中的自救，教师应将"模拟演练"作为本节活动的重点，通过创设情境，让幼儿通过模拟演练巩固相关知识，学会自救方法。

活动4：幸福的小乌龟

遵义市红花岗区机关幼儿园　彭锦

【活动目标】

1. 理解故事内容，感受小乌龟因辛勤劳动获得丰收及关心同伴、结交朋友的幸福感。
2. 通过创编儿歌和绘画活动，进一步体验生活中无处不在的幸福感。
3. 积极讲述自己的感受，用完整连贯的语言进行表达。

【活动准备】

故事图片、幸福分类卡和幼儿绘画卡、黑色水彩笔。

【活动过程】

（一）谈话引入课题

师：你有什么心愿吗？心愿满足后有什么感觉？

教师小结：开心、快乐和满足都是一种幸福的感觉。

（二）讲述故事《别浪费时间了，小乌龟》，帮助幼儿理解故事情节

教师边出示图片边讲述故事第一段。提问：小动物们的心愿是什么？心愿满足后它们有什么感觉？小乌龟只要了一个萝卜种子，你觉得它会获得幸福吗？为什么？

教师讲述故事第二段。提问：小乌龟觉得幸福吗？为什么？

（三）分享幸福

1. 引导：在生活中，你有什么觉得幸福的事情吗？能和大家分享吗？
2. 教师根据幼儿讲述的内容进行提炼并出示相应的幸福卡，如满足心愿的幸福、关心长辈的幸福。
3. 教师出示所有幸福卡，帮助幼儿进一步感受生活中无处不在的幸福，如团结友爱的幸福、帮助别人的幸福、得到表扬的幸福。

（四）幼儿绘画：我的幸福卡

1. 教师巡回指导，引导幼儿用简单的画面表现自己的幸福。
2. 展示幼儿作品，师生共同将作品按幸福卡内容进行分类。

（五）集体创编儿歌《幸福拍手歌》

根据幼儿作品及幸福卡内容进行创编。

【活动效果评析】

现在的教育目标的关注点不仅是在认知层面，更重要的是在情商的培养方面。在幼儿时期对孩子进行良好的人格塑造是其将来适应社会的必胜法宝。本次社会活动正是以故事《别浪费时间了，小乌龟》为载体，为幼儿提供了一个体验幸福的机会，让孩子从小学会热爱生活、热爱生命，这是本活动的亮点。本次活动的设计比较新颖，目标的制定符合幼儿的年龄特点，在过程中体现得很具体。

【活动建议】

教师可以将《别浪费时间了，小乌龟》这个故事制作成幻灯片的形式，这样更符合幼儿具体形象思维的特点，更能吸引幼儿的注意力，激发幼儿参与活动的积极性。

活动5：植树造林好处多

遵义市红花岗区机关幼儿园　彭锦

【活动目标】

1. 了解树木与人类及动物的关系，具有爱护树木、热爱大自然的情感。
2. 知道每年3月12日是植树节，初步认识植树的意义。

【活动准备】

1. 材料准备：音乐磁带一盘、多媒体课件、录像、有关树的调查表、铅笔、4幅动物家园设计图及4件小动物头饰，水彩笔或油画棒。
2. 经验准备：幼儿课前对树有一定的了解。

【活动过程】

（一）通过课件播放，让幼儿了解树和动物的关系，培养幼儿的观察、想象及语言表达能力

1. 出示课件——小鸟找家。

师：小鸟在找家的过程中发生了什么事？

（教师和幼儿一起看课件，讨论：小鸟喜欢什么样的家？并让幼儿用自己的语言表达出来。）

2. 播放录像故事《猴博士的话真灵》，教师根据故事内容启发幼儿回答以下几个问题：

（1）工厂里机器噪音很大，影响了小动物的日常生活，树帮了什么忙？

（2）有害气体熏得小动物咳嗽，树起了什么作用？

（3）夏天，小动物被晒得透不过气来，树起了什么作用？

（4）风沙吹得小动物睁不开眼睛，树帮了什么忙？

（5）河堤决口，淹了小动物的家，树解决了什么问题？

3. 了解树对人类的作用。

师：树与我们人类有怎样的关系？

幼儿与教师交流，说说树对我们有什么好处，从而加深对"植树造林好处多"的理解。

（1）采用填调查表的形式，让幼儿进一步巩固树对人类的作用的知识。（幼儿采取分组合作的方式，自由分配任务，共同商量，互相交流，将自己认可的答案做上标记；填写调查表时，孩子可根据自己的经验填写内容。）

（2）教师和幼儿一起对问题进行小结。

（二）激发幼儿热爱树木的情感

1. 让幼儿大胆发言，说一说自己喜欢什么树？为什么？

2. 幼儿观看录像，让幼儿了解每年的3月12日是植树节，初步了解植树的意义，并播放一些稀有的、美丽的树种的图片，拓展孩子的知识面，培养幼儿热爱树木的情感。

（三）引导幼儿思考在积极植树的同时，应该怎样爱护树木

（四）情境表演"小动物搬新家"

【活动效果评析】

活动选题很有现实意义。选材贴近孩子的生活，能够将幼儿原有的知识经验、知识结构有效地整合，符合大班孩子的年龄特点。环节设计简练、明晰，每个环节都包含着应达成的目标，非常清楚。教学内容涉及多个领域，使各领域内容相互渗透，有机结合。活动中教师尤其注意对情感目标的把握，符合《纲要》提出的"乐意与人交往，学习互助、合作和分享，有同情心"的要求。

总体来说，活动目标制定全面具体，过程清楚，充分调动了幼儿的积极性。教学形式多样。

【活动建议】

在"采用填调查表的形式,让幼儿进一步巩固树对人类的作用的知识"这一环节,由于幼儿知识经验有限,教师应注意加以引导。另外,大班的孩子相对中小班孩子来说,知识经验比较丰富,因此,教师除了应让幼儿知道3月12日是植树节外,还可以补充一点关于植树节的相关知识。

第五章 幼儿园科学领域案例

第一节 幼儿园科学教育的目标、内容和指导要点[①]

　　幼儿园进行科学教育其主要目的在于激发幼儿的好奇心和探究欲望，发展幼儿认识能力。其具体目标如下：

一、幼儿园科学教育的目标

　　（1）有好奇心，能发现周围环境中有趣的事情。
　　（2）喜欢观察，乐于动手动脑、发现和解决问题。
　　（3）理解生活中的简单数学关系，能用简单的分类、比较、推理等探索事物。
　　（4）愿意与同伴共同探究，能用适应的方式表达各自的发现，并相互交流。
　　（5）喜爱动植物，亲近大自然，关心周围的生活环境。

二、幼儿园科学教育的内容

　　（1）引导幼儿接触自然环境，使之感受自然界的美与奥妙，激发幼儿的好奇心和认识兴趣。
　　（2）结合和利用生活经验，帮助幼儿认识自然环境，初步了解自然与自己生活的关系。
　　（3）引导幼儿注意身边常见的科学现象，感受科学技术给生活带来的便利，萌发对科学的兴趣。
　　（4）引导幼儿利用身边的物品和材料开展活动，发现物品和材料的多种特性和功能。
　　（5）为幼儿提供观察、操作、试验的机会，支持、鼓励幼儿动手动脑大胆探索。
　　（6）引导幼儿关注周围环境中的数、量、形、时间、空间关系，发现生活中的数学。
　　（7）在解决问题的过程中帮助幼儿理解基本的数学概念，发展思维能力。
　　（8）鼓励幼儿用多种方式来表现自己的探索过程和结果，表达发现的愉快并与他人交流、分享。

[①] 教育部基础教育司：《〈幼儿园教育指导纲要（试行）〉解读》，江苏教育出版社2002年版，第34页。

三、幼儿园科学教育的指导要点

（1）幼儿的科学教育是科学启蒙教育，重在激发幼儿的认识兴趣、探究欲望，帮助幼儿学习运用观察、比较、分析、推论等方法进行探索活动。

（2）学习科学的过程应该是幼儿主动探索的过程。教师要让幼儿运用感官，亲自动手、动脑去发现问题、解决问题。鼓励幼儿之间的合作，并积极参与幼儿的探索活动。

（3）幼儿的科学活动应密切联系幼儿的实际生活，教师应充分利用幼儿身边的事物与现象作为科学探索的对象。

第二节　幼儿园小班科学领域案例

活动1：数学——郊游

双流县籍田幼儿园　胡亮

【活动目标】

1. 感知5以内的数量。
2. 初步学习根据物体与点卡进行正确匹配。
3. 喜欢参与数学活动，乐于思考并进行操作学习。

【活动准备】

1. 幼儿经验准备：已有点物配对的经验。
2. 环境物质准备：
（1）课件；
（2）1~5个物品的点卡两套、投影仪、玩具若干、神秘箱、地毯、铃鼓；
（3）幼儿用书第14页及不干胶材料。

【活动过程】

（一）导入活动：情境导入

师：春天来了，天气越来越暖和了，小朋友跟着老师去郊游吧！（唱歌曲《郊游》，幼儿进入活动室。）

（二）观看课件，学习5以内的物、点的对应

师：公园到了，请小朋友坐下，看看公园里有什么？有几只？用几个点表示？（幼儿答：

小鸟、蜜蜂、树、花、蝴蝶。）

师：请幼儿点数以后，说出以上物体各有几个，可以用几个点表示。（幼儿答）

（三）出示教具，巩固5以内的物、点的对应

师：公园太漂亮了！别的小动物也想来玩，是谁来了呢？出示动物图片。（两只小狗、三只鸭子、四只小兔、五只猴子）

请个别幼儿将点卡与动物一一对应。

（四）游戏：寻宝

师：那我们同小动物一起去郊游，走着走着看到百宝箱，那我们一起来看看里边有什么？摸出点卡，请幼儿去取相同数量的玩具。

（五）小动物郊游

1. 幼儿观察车厢。

师：呜！谁来了？（小火车）原来还有一些小动物也想去郊游，他们要做火车去，请幼儿观察车厢，有什么发现？（幼儿回答：车厢上有点子。）

师：小朋友真棒，都有一双会发现的眼睛，对了，车厢上有几个点子，就坐几个小动物。

2. 请幼儿示范操作，讲要求幼儿完成操作卡，巩固点物匹配。

（六）活动结束

师：小动物非常感谢我们的小朋友，都让小动物乘上了小火车，现在小朋友郊游也累了，那跟着我回家吧！齐唱歌曲《郊游》离开活动室。

【活动延伸】

教师把点卡和动物图片投放在益智区，让幼儿在晨间活动中进行点物匹配。

【活动效果评析】

本次活动中，教师充分考虑到小班幼儿活泼好动，注意力集中的时间相对较短，容易受外界事物和自己情绪的支配，且思维以具体形象为主，他们对数学的学习依赖于生活中对具体事物的反复探索和亲身体验。只有将抽象的数学知识渗透于游戏中，让数学活动游戏化、生活化、情境化，通过与周围环境的交互作用，才能让孩子在轻松的氛围中快乐地学习，使数学经验逐渐内化，并自我建构以获得发展，激发孩子对数学的兴趣。郊游是孩子们生活中非常喜欢的，一提起郊游，孩子们就兴奋不已。因此，本次活动以"郊游"为题，让幼儿在游戏中感知5以内数的点物匹配。首先从目标达成度来看，根据幼儿在活动的表现和学习效果，可以看出预设的目标达成度很高，说明目标定位是相对准确的，体现出其具体、明确、可操作性强的优点。活动中的课件看起来简单，操作起来方便，利用率很高，幼儿特别感兴趣,对方便幼儿的探索学习起到了非常重要的作用。而教具是非常鲜明,给活动增加不少乐趣,这恰恰符合小班幼儿的年龄特点和游戏心理,使幼儿在排队中体验乐趣,发现规律,满足了游戏心理。整体来说,整个活动的开展是比较成功的,但也存在一定的不足,如教师在提问方面、语言的准确性和规范性方面还有待进一步提升。

【活动建议】

有位心理学家认为:"只有走在发展前面的教学才是良好的教学,否则只能充当发展的尾巴。"为此,在进行数学活动中提出的问题要围绕目标来,教师的教学用语也应准确,应把握提问的准确性和针对性,教师只有"学起于思,思源于疑"巧妙地运用提问,问得好而精,个中带得悬念,悬念中隐伏得答案,才会激发幼儿对数学活动的兴趣,积极地释疑,并把无意注意和不稳定性的兴趣转化为学数学的兴趣,使幼儿能更主动地去发现、探索和掌握数学。

活动2:认识正方形

广饶县一中幼儿园 孙海燕

【活动目标】

1. 在生活活动中,运用多种感官感知正方形。
2. 体验探索的快乐。

【活动准备】

1. 幼儿洗手用的毛巾每人一条。
2. 正方形饼干若干、圆形饼干若干。

【活动过程】

(一)感知讨论

1. 生活活动常规介绍:怎样洗手。
2. 重点讲述怎样擦手,出示小毛巾。

师:用小毛巾擦擦手心、擦擦手背。请小朋友看看毛巾是什么形状?(幼儿回答正方形。)对折后是什么形状?

师:看看两条边是不是一样长?(幼儿观察回答:一样长。)

师:再对折后看看是什么形状?(小的正方形。)

(二)操作体验——幼儿操作,教师指导观察

师:今天请我们小朋友擦完手后,把小毛巾叠一叠,两次对折后,看看是什么样子的?是不是变成了小的正方形,四条边是不是一样长。

(三）巩固应用——幼儿吃点心

师：小朋友你们看看今天我们盘子里的饼干有什么不同？（幼儿回答有两种，圆形和正方形。）

师：今天我们吃点心有个要求，请小朋友拿正方形的饼干吃。观察指导。

师：（个别指导）你是从哪里看出来是正方形的。

师：请小朋友数一数正方形宝宝有几条边？摸一摸正方形的角，什么感觉

师：今天小朋友有没有都吃到正方形饼干呀？

师小结：正方形是方方正正的，四条边一样长，四个角一样大。

【活动延伸】

1. 请小朋友在教室里找一找正方形宝宝。

师：小朋友找一找我们教室里有没有正方形。（幼儿找。）

2. 请小朋友在家里、马路上找一找有没有正方形，明天来园告诉老师和小朋友。

【活动效果评析】

幼儿能够认识图形，他们会区别出外形，但难点是在特征的把握上。比如这次正方形的认识重点和难点就是在感知它的四条边一样长和四个角一样大。为了让他们了解正方形边一样长、角一样大，本次活动选用折叠法进行比较。教师演示测量和折叠时，幼儿看得比较清楚，但让他们自己来操作验证时则发现相当一部分幼儿不会折平整（让它们完全重叠）。在找正方形物品时，孩子们的积极性都很高，使我们这节课达到了一定的高潮。

【活动建议】

小班幼儿由于肌肉的精细动作发展相对较差，因此，在让幼儿将毛巾叠成正方形时，只需要求他们经历一个过程，懂得如何去求证即可。另外，教师可以将叠毛巾的步骤编成儿歌的形式，这样更符合幼儿的身心发展特点，易于幼儿的理解。活动导入时，教师也可以给幼儿直接呈现正方形的毛巾，引导幼儿认识。

活动3：春天的花朵

江苏常熟市谢桥中心幼儿园　李正琼

【活动目标】

1. 幼儿能根据花朵的颜色进行分类，学从三种颜色的物体中找出同一种颜色的物体，并进行归类。

2. 认识桃花、迎春花、梨花。

3. 培养幼儿按物体颜色特征分类的能力，提高幼儿的辨色能力。

【活动准备】

1. 物质准备：三种颜色的花（迎春花、桃花、梨花）若干，花盆三个（上面分别贴有红、黄、白三种标记）。

2. 知识准备：事先学会歌曲《春天来》。

【活动过程】

（一）歌曲《春天来》导入

1. 幼儿复习歌曲《春天来》

师：春天来，红花、黄花、白花都开了，但夜里的一场雨把花朵都吹落了，今天老师请小朋友把花朵捡起来。

2. 用迎春花、桃花、梨花布置花落满地的场景（如果没有真花，可以用塑料花替代），分发人手一只小篮子，幼儿分散捡花朵。捡好花朵后幼儿交流。

师：你捡到的花叫什么名字？

幼1：我捡的是桃花。

师：桃花是什么颜色？

幼：粉红色。

师：请连起来说：我捡的是粉红色的桃花。

幼2：我捡的是迎春花。

……

（评析：创设情景，激发了幼儿参与活动的兴趣，让幼儿更积极主动地投入到活动中去，使幼儿能主动地运用感官去观察、寻找，认识了桃花、迎春花、梨花，初步感知了粉红色、黄色、白色，此活动形式使处于具体形象思维的小班孩子充分获得了对事物真实的认知。）

（二）幼儿尝试将花朵分类

问：怎样给花朵宝宝找朋友呢？

幼1：一样的放在一起。

师：对，颜色一样的花朵放在一起。

幼2：不一样的不要放在一起。

（评析：此环节中先让幼儿开动小脑筋，注意到花朵特征的不同，主动尝试动手分类。教师在帮助孩子归纳时突出了"颜色一样"这一分类特征，为以后幼儿学习按特征分类打下基础）

（三）给花朵宝宝找朋友

1. 给花朵宝宝找家。

请幼儿把粉红色的桃花送到粉红色的花盆里，并说：桃花，我送你到粉红色的房子里找朋友。

把迎春花送到黄花盆里，并说：迎春花，我送你到黄颜色的房子里找朋友。

把白色的梨送到白颜色的花盆里，并说：梨，我送你到白颜色的房子里找朋友。

（评析：在上一环节幼儿交流的基础上，孩子们产生了喜欢春天花朵的情感，禁不住都争着为花朵宝宝找朋友，积极性很高，多数孩子都能正确完成任务。教师在引导幼儿给花朵分类的同时也注重培养幼儿的口语表达能力，起到了一箭双雕的作用。）

2. 按标记找相同颜色的花朵。

请幼儿看看花园里每个花盆的标记，说说分别有什么标记。（粉红标记、黄标记、白标记）

幼1：我看见了粉红色的标记。

幼2：我也看见了黄色的标记。

请幼儿讨论：贴有粉红标记的花盆想找什么颜色的花朵宝宝呢？

贴有白标记的花盆想找什么颜色的花朵宝宝呢？

贴有黄标记的花盆想找什么颜色的花朵宝宝呢？

幼儿尝试操作，教师巡回指导，提醒幼儿贴相同颜色的一盆花时注意布局的美观。（教师可以亲自示范，达到暗示引领的作用，不提醒。）

3. 拓展。

师：你还认识哪些春天的花，想一想，它们应该粘什么颜色的标记。

引导一些能力强的孩子按花朵的颜色粘相同颜色的标记，能力弱的幼儿不作要求。

（此环节是运用游戏的形式让幼儿在与材料及同伴的相互作用中，共享操作学习的快乐及彼此的经验，由此激发了孩子们的爱心和乐于助人的好品质。拓展部分既发散了幼儿的思维，又丰富了幼儿关于春天的认知。另外，为花朵分类选择标记时要求幼儿进行分析、概括和综合，较之按标记分类，是一个逆向的思维过程，难度更大，所以比较适合提升能力强的幼儿的能力，设计者考虑了结合不同孩子的实际水平做不同要求，在渗透逆向思维方法的同时充分体现了因材施教的教育思想。）

（四）活动结束

教师请幼儿说说自己是怎么帮助花朵宝宝的，看看有没有花朵宝宝没找对朋友，如果送错了请幼儿帮帮忙。

教师以春天妈妈的口吻感谢小朋友帮忙。

【活动延伸】

手指点画：桃花

【活动效果评析】

　　这次活动不仅符合《纲要》中，"要选择贴近幼儿的生活，选择幼儿感兴趣的事物和问题"的要求，而且结合了季节特征，配合春天的主题进行，便于和其他领域的内容整合，使幼儿对桃花、迎春花、梨花有初步的认知，并感受它们色彩之美。本次活动有几个比较成功的地方：首先，整个活动以游戏的形式来开展，使孩子们更容易接受。其次，活动中用《春天来》的歌曲导入，很快地将孩子们引入认识春花的环节，过渡自然。再次，给幼儿提供了较大的操作平台。在活动中，孩子们没有被局限在自己桌子上进行操作，他们可以走下座位，到更大的平台和空间进行操作。最后，整个活动较有趣味性，在捡花朵的活动中，孩子们很认真，有的还一边捡一边讨论着，产生了对花朵的爱怜之心，为后面的环节作了铺垫。在后面标记找花朵宝宝的环节中孩子们争相发言，把自己的发现告诉大家，气氛很活跃。大多数孩子都能正确分类，少数小朋友分类的速度还很快。

　　整个活动体现了以孩子为主体、教师为主导的和谐的师生关系，绝大多数幼儿能主动去学、愿学、乐学，达到了预期的目标。但是在活动中一部分幼儿在用语言表达时口齿不清楚，说话不连贯，操作活动时不敢大胆尝试，所以，在平时的工作中，还需要培养幼儿的口语表达能力和自信心。另外，可以尝试增加记录分类结果这一教学环节，虽然小班的孩子还不会记录，但教师可以引领他们学习记录，渗透统计的知识。捡花朵时，可以配一些轻音乐，使孩子在更加轻松愉快的氛围中学习。

【活动建议】

　　分类思想是一种基本的数学思想，它是根据一定的标准，对事物进行有序的划分和组织的过程。分类能力的发展，能反映儿童思维发展水平，特别是概括能力的发展水平，对于将来理解、接受和掌握系统化的知识，形成科学严谨的思维方式也有很大益处。所以，从小班起就应该培养幼儿的分类能力。"春天的花朵"这个活动，选择了桃花、梨花和迎春花三种幼儿常见的花朵，让幼儿在对三种花朵颜色的区分上学习分类。根据小班幼儿的年龄特点，幼儿在颜色的认识上，首先认识的是纯色，然后才是混合色，白色梨花、黄色迎春花幼儿都能很好地辨认，建议将粉红色的桃花改为红色的其他花朵（如红色玫瑰），这样更符合幼儿辨色力的发展。

活动 4：谁来救救小蚂蚁

江苏省越溪实验小学幼儿园　周丽芳

【活动目标】

1. 通过实验，知道哪些物体能浮在水面，哪些物体会沉到水底。
2. 能用简单的方式记录自己在实验前的猜想和实验中的操作，并用较连贯的语言描述自

己的发现。

3. 对沉浮现象有兴趣。

【活动准备】

1. 经验准备：认识有的物体浮在水面，有的物体沉到水中。体验玩水的快乐。

2. 物质准备：装满水的水缸每组三个，抹布，记录表（人手一份），图片（蚂蚁和池塘），积木、报纸、汤勺、泡沫、海洋球的塑封照片及实物（人手一份）。

【活动过程】

（一）听故事——认识各种材料

看图听故事：有一只小蚂蚁，它在池塘边散步，走着走着，不小心掉在池塘里了。"救命啊！救命啊！"它在水里不停地喊。谁来救救它呀？"我来，我来！"看，谁来救小蚂蚁了？

教师边讲述边展示操作材料：积木、报纸、汤勺、泡沫、海洋球。

师幼共同描述材料：这是长方形的积木、三角形的报纸、长长的汤勺、正方形的泡沫、圆圆的海洋球。

（二）看材料——猜想实验结果

1. 学习记录猜想结果。

教师继续讲故事：可是，它们怎么救小蚂蚁呀？它们说："我们跳进水里后，只要我们浮在水面上，不沉下去，让小蚂蚁爬到我们的身上，这样就可以救起小蚂蚁了。"你们猜猜看，谁能浮在水面上，救起小蚂蚁呢？

幼儿：报纸可以救小蚂蚁。

教师：为什么呢？

幼儿：因为它很轻，可以浮在上面。

教师：那你把它的照片贴在水杯的上面。那谁会沉下去呢？

幼儿：我觉得勺子会沉下去，因为它很小。

教师：你认为小的东西会沉下去，那好，你就把它的照片贴在水杯的底部。

教师：那还有其他材料能不能救小蚂蚁呢？请我们小朋友们都来猜一猜，谁能浮在水面上的，就把它的照片贴在水杯的上面；沉到水底的，就把它贴在水杯的底部。

幼儿用在水杯的水位粘贴实物照片的方式记录自己的猜想。

教师巡回指导，并了解幼儿的想法。

2. 交流猜想记录情况。

教师：谁愿意告诉我们，你是怎么猜的？为什么？

幼儿：我觉得长方形的积木可以救小蚂蚁，因为它很大。

幼儿：我觉得三角形的报纸会浮上来的，我猜的。

幼儿：那个泡沫可能会沉的，因为它太小了。

幼儿：汤勺和圆圆的海洋球不能救小蚂蚁，它们都要沉到水里去的。

（三）投材料——验证实验猜想

教师：看来，我们每个小朋友的想法都不一样，那到底谁能救小蚂蚁呢，我们试了就知道。在你们的桌上，有几个大水缸，请你们把它们一个一个放进水缸里，仔细看一看，看看谁是浮在水上的？谁是沉到水底的？再看看你的记录表，是不是和你刚才猜的是一样的，如果不一样，就根据你看到的情况重新贴好。

幼儿实验，老师引导幼儿边操作边讲述自己的活动。

引导幼儿将实验结果和猜想进行比较，如不相符，及时调整。

（四）看记录——交流实验结果

教师：（启发幼儿交流自己的实验结果）刚才小朋友把它们都放进了水里，你们发现了什么呢？

幼儿：我看到积木、泡沫、海洋球能浮在水面上。

教师：是吗，刚才我发现他还在用手使劲地摁这个积木、泡沫、海洋球，你为什么要把这样做啊？

幼儿：我想把它摁下去。

教师：那摁下去了吗？

幼儿：没有，我手拿掉，它又浮上来了。

教师：真的吗？我有点不相信，你再试给我们看看，好吗？

幼儿再次试验。

教师：哇，原来积木、泡沫、海洋球，不管我们怎么用力摁，手一放开，就浮在水面上了，它们可以救小蚂蚁了。真是神奇。那你们发现谁不能救小蚂蚁呢？

幼儿：我发现报纸也能救小蚂蚁的。

幼儿：我发现报纸和汤勺不能救小蚂蚁的。

教师：是吗？看来两个小朋友的发现不一样，那我们一起来看看试一试！

教师将报纸和汤勺投入水中。

教师：看看，它们怎么样了？

幼儿：报纸浮在水面上的，汤勺沉下去了。

幼儿：可是，过一会儿，报纸会沉下去的。

教师：哦，他说过一会儿，报纸会沉下去的，那我们再耐心地等一会儿，我们来数数，看数到几，报纸会沉下去，1，2，3……看，报纸怎么样了？

幼儿：沉下去了！

教师：你们看，细心的小朋友发现报纸先是浮在水面上的，可过了一会儿，它就沉到水

底了，所以我们以后做小实验要耐心、仔细地观察，这样才能发现新知识。

【活动延伸】

还有谁能救小蚂蚁？

教师：小蚂蚁被积木、泡沫、海洋球救起来了，特别感动。小蚂蚁说："谢谢你们！"积木、泡沫、海洋球说："不用谢！要是其他朋友看见了，也会救你的。"咦！还有谁也能救小蚂蚁呢，我们小朋友回家再找找，再试试，还有谁也能浮在水面上的，好吗？

让孩子自己寻找，然后来试试，看看他们找的东西谁能浮起来，还有谁能救小蚂蚁，也满足孩子想玩水的愿望。

【活动效果评析】

活动以救小蚂蚁的故事贯穿始终，可爱的蚂蚁形象和生动的故事，能激发幼儿思维的互动。活动中教师设计的记录卡充分体现了小班幼儿的年龄特点和能力水平。第一次记录是让幼儿根据自己的猜测，把图片贴到记录卡上，这样直观又形象的记录为幼儿主动建构知识经验奠定了基础。而带着自己的假设做实验，更能激起幼儿的探究动机和兴趣。第二次记录是幼儿按自己的想法作用于物体，真实地感受、记录实验的结果，验证自己的解释和猜想是否正确，从而不断调整自己的认识，并初步懂得：要得出结论，必须以客观事实为依据。从活动实施的情况来看，本次活动整体上还是比较成功，基本达成了活动目标。

【活动建议】

教师在讲故事的时候可以呈现图片，这样更能吸引幼儿的注意力。根据皮亚杰认知阶段的划分可知，幼儿的思维主要是具体形象思维，幼儿对概念的理解离不开具体事物的支撑，因此，教师在讲解沉浮这一概念时，应通过操作具体的教具给幼儿呈现"沉浮"现象，让幼儿能从感官上理解什么是"沉"，什么是"浮"。另外，在材料的提供上，教师可以选取几种更为有代表性的、幼儿熟悉的物体让幼儿进行探究。

活动 5：骨碌骨碌转

寿光市营里镇朝阳幼儿园　郝美芳

【活动目标】

1. 能够在点数的基础上说出总数。
2. 认读数字 1~4，能够做到数物对应。

【活动准备】

1. 独轮车、自行车、三轮车、小汽车图片各一张。

2. 火车头1个、车厢4节、小动物图片（大象1张、小熊2张、小兔子3张、乌龟4张）。
3. 数字1～4。

【活动过程】

（一）谈话导入活动

师：孩子们，你们每天是怎样上幼儿园的？（让幼儿说出自己坐的车的名字，锻炼幼儿的语言表达能力。）为什么爸爸妈妈要用车子送我们上幼儿园呢？（因为它们跑得快。）这些车为什么跑得快？（启发幼儿说出它们都有圆圆的轮子。）

（二）出示图片

师：老师这里有一些车子的图片，我们来观察一下好吗？

师：你们都认识这些车子但是你们知道这些车子有几个轮子吗？逐一出示，数一数它们各有几个轮子。（锻炼幼儿在点数的基础上说出总数。）

师：老师还带来一辆车，他长长的、有很多轮子、一节一节的，你们猜猜他是什么车？（火车）火车能干什么？（拉货、拉客人）我们数一数老师带来的火车一共有几节车厢好吗？1、2、3、4，一共几节？

师：我们给车厢贴上相应的数字好吗？（教师出示数字，幼儿操作。）

师：我们的小火车漂亮吗？森林里的小动物都想乘坐我们的小火车呢？（教师出示背后贴有数字的动物卡片）你看，小动物们都已买好了车票，就在它们的背面，请你们帮它们找到车厢好吗？（幼儿根据图片后面的数字，把小动物送上车。）

师：小结：孩子们，你们真能干，帮所有的小动物都找到了车厢，瞧，小动物都高兴极了，那你们想不想也来坐小火车呢？

（三）游戏：小火车跑得快

所有的孩子一个跟着一个，依次拽住前面孩子的衣服变成一列小火车，（提醒幼儿一个跟着一个、不拥不挤）跟着音乐学着小火车的叫声：呜呜呜……火车出发了，游戏结束。

【活动效果评析】

认读数字比较简单，但是能做到数物对应，并在点数的基础上说出总数，对有些幼儿来说就比较困难，为了化困难为简单，让幼儿在玩玩、做做中就能掌握数物对应。教师运用一些教具，目的是激发幼儿的积极性、调动幼儿的兴趣。通过多样的教具，幼儿不仅很容易的掌握了在点数的基础上说出总数，而且还能做到数物对应。整个活动中幼儿的表现都特别积极主动，活动气氛活跃，知识掌握得也比较牢固。

【活动建议】

在活动过程中教师选用了图片的形式给幼儿呈现各种车辆，除了图片外。为了更直观地

激发幼儿的兴趣,教师还可以通过车辆模型展示各种车辆。另外,为了巩固幼儿1~4的数物对应知识,教师还可以设置相应的区角活动,让幼儿在区角游戏中巩固相关知识。

第三节　幼儿园中班科学领域案例

活动1:认识梯形[①]

【活动目标】

1. 认识梯形,感知梯形的基本特征,并能根据该特征在不同的图形中找出梯形。
2. 学习用多种方法将各种图形变成梯形。
3. 激发幼儿的空间想象力和创造力。

【活动准备】

1. 各种不同的图形若干(椭圆形、圆形、三角形、长方形、正方形、梯形),每人一把剪刀。
2. 将幼儿分成三组。
3. 幼儿用书第1册第10页。

【活动过程】

(一)创设情境,引出课题

师:小朋友们好,今天图形宝宝要举行歌舞会,它们把图形王国装扮得漂漂亮亮,邀请小朋友们去参加,你们高兴吗?(激发幼儿的学习欲望。)

(二)揭示课题

师:图形宝宝有一个要求,让小朋友们说一说图形王国里有什么图形?并说出图形的特征?(出示不同的图形。)

师:图形宝宝给小朋友们表演歌舞了,瞧,三个三角形在一起跳舞组成了一个什么图形?(梯形)一个长方形和两个三角形组成了一个什么图形?(梯形)这种图形叫梯形,今天我们来学习梯形。

出示梯形,让幼儿观察特征:上下两条边平行,但不一样长,另两条边是斜着的,像梯子一样。

(三)操作感知图形的特征

图形王国还有更有趣的活动——智力比拼。

[①] http://web.preschool.net.cn/article-59783-1.html.

第一组：找一找。

幼儿用书第 1 册第 10 页"认识梯形"找出梯形部分并涂色。

第二组：歌舞会。

请小朋友们把图形王国里的图形宝宝拼成梯形宝宝。

第三组：变一变。

让幼儿将长方形的纸和梯形的纸重叠在一起，剪掉多余的部分，将长方形变成梯形。

（四）活动结束

让每组幼儿展示自己的作品，互相交流经验，收拾学具。

【活动延伸】

1. 寻找生活中的梯形物体。
2. 利用晨间活动或区域活动引导幼儿用积木拼搭梯形。

【活动效果评析】

通过游戏来激发幼儿的学习兴趣，用所学过的图形来做铺垫，让幼儿轻松地认识了梯形，并用比较、动手操作的方法，既锻炼幼儿的手脑协调能力，又从中了解了梯形的主要特征，利用活动延伸扩展了幼儿对梯形物体的进一步了解，并与生活相结合，把知识渗透在生活中，让幼儿学会运用知识，感受知识的无处不在。本节活动幼儿轻松愉悦的完成了任务。

【活动建议】

本次活动的主要目的之一就是让幼儿了解、认知梯形。对梯形的了解、认知离不开对梯形特征的掌握。因此，教师在教学过程中应将重点放在通过各种活动让幼儿了解梯形的特征上，在介绍梯形特征时采用更加形象化和儿童话的语言。在"操作感知图形的特征"这一环节，教师将幼儿分成三组，通过"找一找""歌舞会"和"变一变"让幼儿分别通过给梯形宝宝涂色、用其他图形拼梯形宝宝、剪梯形宝宝来加深幼儿对梯形的认识。受生活经验等的影响，每个幼儿的兴趣点都是不一样的，建议这里的分组选择让幼儿根据自己的兴趣进行选择，而不是教师人为的分。

活动2：吹泡泡[①]

【活动目标】

1. 体验创造、成功的快乐，萌发爱探究的积极情感。
2. 在自主操作中，了解吹泡泡与工具的关系。
3. 能创造性的自制吹泡泡工具，并积极参与吹泡泡活动。

---

① http://wenku.baidu.com/view/7f59254333687e21af45a91e.html。

【活动准备】

1. 物质准备：操作记录纸，每个幼儿一份（盛有吹泡泡用的水、筷子、吸管、铅笔、圆珠笔、铁丝）。

2. 经验准备：幼儿已学会歌曲《吹泡泡》。

【活动过程】

（一）组织谈话，调动幼儿已有经验，激发幼儿吹泡泡的兴趣

师：你们吹过泡泡吗？都是用什么来吹泡泡？今天老师给你们准备了一些吹泡泡的工具，你们也来试一试？

（二）出示操作工具和记录纸，并记录操作结果

师：小朋友们，你们认识老师带来的这些吹泡泡的工具吗？那你们觉得这些工具可以吹泡泡吗？能吹得出来就画"○"，吹不出来的就画"X"。

（三）幼儿第一次操作，并进行记录

师：小朋友们自己拿起你旁边的工具一个个的放在泡泡水里，搅一搅放在嘴巴边轻轻吹一下，看看到底能不能吹出泡泡？把不能吹的放在"X"的这边，把能吹的放在"○"。

（四）集体观看记录纸，并进行集体验证

1. 集体观察记录纸，发现问题。
2. 集体验证。
3. 个别幼儿操作。

师小结：原来有缝隙才能吹泡泡。

（五）进一步探索缝隙与泡泡的关系

师：其实圆珠笔和铁丝也有吹泡泡的本领，你能把他找出来试一试吗？

1. 幼儿探索。
2. 教师示范并小结。

（六）结束活动

（在吹泡泡的音乐中快乐的结束活动。）

师：我们再去找一找我们身边还有哪些东西可以拿来吹泡泡的，请你们和爸爸妈妈一起去找一找。

【活动效果评析】

在活动导入环节，教师采取直截了当的方法进行提问。如：你们吹过泡泡吗？都是用什么

来吹泡泡？今天老师给你们准备了一些吹泡泡的工具，你们也来试一试？很直接的问话，对孩子所拥有的吹泡泡的经验进行回忆，对接下来自主操作吹泡泡的环节有所铺垫。活动中教师让幼儿操作记录纸，有利于加深幼儿对活动的理解。本活动应该提供更多的机会，让幼儿自制吹泡泡的工具，达成"能创造性的自制吹泡泡工具，并积极参与吹泡泡活动"这一活动目标。

【活动建议】

导入活动是否具有新颖性，直接影响到活动开展的整体情况。本次活动，除了可以运用谈话的方式导入活动外，还可以通过儿歌、谜语、故事的形式导入活动。在"出示操作工具和记录纸，并记录操作结果"这一环节中，教师可以给幼儿具体示范该怎么做，这样更利于幼儿对规则的掌握。

活动3：动物过冬[①]

【活动目标】

1. 了解动物过冬的不同方式。
2. 幼儿能大胆选择并讲述选择的理由。
3. 激发幼儿探索动物生活的兴趣。

【活动准备】

操作卡人手一份、小动物图片若干、课件、投影仪、枕头、沙包、南飞标记。

【活动过程】

（一）谈话引起兴趣

师：（放映幻灯片）图片上是什么季节的景色？（冬天）冬天的天气怎么样？（很冷）冬天我们是怎样过冬的？（穿棉衣、开空调、取暖器、常在室内活动、加强锻炼等）

师：动物是怎样过冬的？（幼儿讲述。）

总结：动物过冬的方式是不一样的，有冬眠过冬、储食过冬、南飞过冬等，分别解释。

（二）幼儿操作

师：（放映幻灯片）这里有几个动物，我们来认识一下（蚂蚁、松鼠、天鹅、燕子、熊、乌龟），请小朋友猜一猜这些动物分别是怎样过冬的？想好之后把这些小动物贴到操作卡中，在操作的时候想一想你选择的理由。

（三）讲评

师：请你拿好你的操作卡，来讲一讲你的选择（投影仪中展示）你为什么认为这个动物

---

① http://web.preschool.net.cn/article-71787-1.html.

是这样过冬的？（幼儿讲述。）

师总结：（放映幻灯片）熊和乌龟都是冬眠过冬的，因为他们在冬天来临之前吃大量的食物，整个冬天他们就可以睡觉，不吃东西了，还有一些其他的动物像蛇、青蛙、蝙蝠、刺猬都是冬眠的动物。蚂蚁和松鼠是在自己的洞里过冬的，因为冬天出去找食会很冷，所以提前把整个冬天的粮食准备好过冬，还有兔子、小蜜蜂都是储食过冬的。因为冬天的时候南方比较暖和，所以天鹅和燕子会选择南飞过冬，除了天鹅和燕子会南飞过冬，还有很多候鸟会南飞，像杜鹃、大雁、黄鹂、丹顶鹤，他们都是随着气候的变化而迁徙的鸟。

（四）看录像

师：我们再一起来看一看小动物过冬的方式吧！（播放课件。）

【活动建议】

幼儿园科学活动的开展要求结合孩子的实践活动，注重孩子学习兴趣的培养。本活动如果采取课件的形式展示给幼儿，让幼儿通过动画来接受知识，获得知识，幼儿会掌握得更扎实、更好。教师在小结动物过冬的时候，语言可以更加形象化，这样更易于幼儿的理解。

【活动效果评析】

孩子在整个活动过程中充满了浓厚的兴趣。在本活动中，教师比较注重幼儿主体性的发挥，尊重幼儿的年龄特点，注重活动的趣味性。活动中教师给幼儿自由讨论的时间，鼓励幼儿大胆交流，分享彼此的快乐，在说中学，真正成为活动的主人，发展了幼儿的思维，丰富了知识，进一步拓展了幼儿的认知空间。从幼儿在学习过程的表现来看，幼儿确实表现得更积极主动。在活动中，教师出示了一些其他的小动物，请孩子们分组，为它们找好朋友，并把图片放到和刚才过冬方式的小动物一起，请他们讲述自己喜欢的小动物的过冬方式，幼儿敢想敢说，不受拘束，尽情展示自我，品味成功。

活动4：各式各样的鞋

双流县籍田幼儿园　梁华

【活动目标】

1. 观察各式各样的鞋，并比较鞋的不同。
2. 学习鞋的分类方法。
3. 激发幼儿学习数学的兴趣。

【活动准备】

1. 现成的鞋若干双（不同种类、款式），幼儿午睡用的拖鞋每人一双。

2. 笔、蜡棒、统计分类表（师用、幼儿用）。

3. 舒缓优美的音乐。

【活动过程】

（一）鞋子配对

师：（出示混合在一起的一筐鞋子）这是什么？

幼：许多的鞋子。

师：看到这些鞋子有什么感觉？

幼：很乱，乱七八糟。

幼：不整齐。

幼：什么鞋子都有。

师：请几个小朋友整理一下。（三名幼儿整理鞋子。）

师：他们整理好了吗？是怎么整理的？

幼：一双一双放在一起。

幼：左右脚放在一起。

幼：一样的颜色、大小放在一起。

师：左右脚两只鞋合在一起叫什么？

幼：一双鞋。

师：对，像刚才×××小朋友说的一样，一双一双放在一起。请刚才的小朋友介绍他们是怎样给鞋子配对的。

幼：看颜色。

幼：看颜色、大小。

师：更多的鞋子能分出来吗？（把幼儿分成三组进行轮流的脱鞋配对比赛。）

师：看哪组配对又快又好！（引导幼儿看钟记时。）

（幼儿兴趣浓厚，气氛热烈。第二组有两位幼儿为两双一样的鞋争执，本班有一对双胞胎穿着一样。）

师：欢迎第二组，用了几分钟，刚才老师发现有一组有两双一样的鞋。

幼：老师，×××小朋友和×××小朋友的鞋子是一样的（游戏时两人不同组）。

师：真的呀！（惊奇状）请两位小朋友上来，老师把你们的鞋混在一起能认出来吗？

幼：能。

师：好，试试吧。（两个孩子很快找到了自己的鞋。）

师：你们怎么这么快就找到自己的鞋啦？

幼：我的大，他的小，我的比他的长。

幼：我的旧些，这有点坏了，他的新些。

师：现在是什么季节？

幼：夏天。

师：夏季穿什么鞋呢？

幼：凉鞋、凉拖鞋、凉皮鞋。

幼：爸爸穿有洞的皮鞋。

师：回家问问妈妈或卖皮鞋的老板，有洞洞的皮鞋叫什么？

幼：草鞋，我爷爷穿的草鞋像船一样。

师：像船一样的草鞋，你们见过吗？

师：请×××小朋友讲讲。

幼：是用草绳子做的，很轻、很凉快。

师：真的吗？大家回去查查看，谁穿草鞋，草鞋是不是和×××小朋友说的一样。

（二）鞋子分类

师：刚才整理的鞋中，小朋友知道了有不同的各式各样的鞋，每种鞋到底有多少双呢？

幼：大人的鞋有××双，小孩的鞋有××双。

师：那夏天穿的有几双，冬天穿的有几双呢？

幼：制作标记，把它记下来。

师：好！需要我们制作哪些标记呢？

幼：夏天的标记，冬天的标记。

师：用什么来标记呢？

幼："○"表示夏天，"△"表示冬天。

幼：厚衣服表示冬天，裙子表示夏天。

幼：扇子表示夏天，雪花表示冬天。（教师在图表内画出大部分幼儿赞同的一种标记图案。）

师：统计一下这里的鞋。

幼：夏天的有几双，冬天的有几双。（教师把统计数字写在统计表内。）

师：扇子与雪花把鞋子分成了夏天、冬天，再看一下，鞋还可以怎么分？

幼：颜色不一样，有黑的、白的、红的……

幼：有些皮的，有些布的……

幼：有大人的，有小孩的。

师：看得很仔细，非常棒，我们把这些标记画下来怎么样？（教师提供纸、笔，幼儿设计标记图案。）

师：教师发给每位小朋友一张表，把你们设计的标记图案剪下来贴在表格的最上面一排。

（幼儿操作，制作出了各自的分类统计表。）

师：小朋友，真能干，设计出了各自的统计表，今天，我们把自己的统计表带回家去，数一数爸爸、妈妈、爷爷、奶奶、我们自己的鞋子有几双，好吗？（幼儿兴高采烈。）

【活动效果评析】

《纲要》中指出，选择的教育内容必须贴近于幼儿生活，来自幼儿的兴趣，活动"各式各样的鞋"从入夏以来孩子们穿的各式各样的漂亮凉鞋而得到启发，活动的内容与幼儿密切相关，在活动中本着了解、支持幼儿的原则，利用多种孩子们感兴趣的形式，给自己的鞋子配对，对鞋子进行统计等等，跟自己密切相关的形式增添了孩子无穷的参与兴趣。通过一步步地深入，发现问题，教师启发、引导、幼儿自己解决，不断满足幼儿需要，从中不断丰富经验，使幼儿各个方面都得到了发展。活动的整个内容非常简短、看起来较粗略，这正是教师设计时又一个强调的地方——可操作性。不同的教师在组织同一个活动时，都会遇到不同的情况，收到不同的效果。就活动设计内容而言，在设计时围绕教育目标，把握大致的方向，教师精炼的语言加以简要的提问，让这个活动具有强烈的可操作性，给每位组织这个活动的教师保留了很大的自由创造空间。

【活动建议】

"各式各样的鞋"是中班的一个数学活动，共有两个小活动，分别是"鞋子配对"、"鞋子分类"。由于活动中的材料形式有趣，贴近幼儿的实际生活，因此，幼儿参与的积极性较强。为了进一步巩固幼儿对分类的理解，教师还可以设计相应的延伸活动，以激发幼儿对数学活动的兴趣。

活动5：会变化的影子

东营区实验幼儿园　王昆

【活动目标】

1. 初步了解影子是随着光源的移动而移动的方位变化特征，学会简单的测量方法。
2. 通过探索活动，培养孩子发现问题和解决问题的能力。
3. 培养孩子学习的兴趣，好奇心和求知的欲望，发展孩子的观察力、思维力和想象力。

【活动准备】

1. 小电筒每人一个，玩具、胶水瓶、"不倒翁"娃娃每组一个。
2. 水彩笔每组一只，小镜子每组一面，记录纸每组一张。

【活动过程】

（一）教师讲故事《树荫》导入主题，激发孩子学习的兴趣

师：为什么太阳火辣辣的，小熊躺在树荫下却很凉爽？后来被什么东西烫醒了，你们能告诉小熊它遇到的问题吗？（激发孩子探索影子的奥秘。）

（二）教师通过让孩子观察小实验，使孩子懂得影子产生的条件，初步了解影子是随着光源的移动而移动的

1. 教师在事先准备好的桌子上放一个"不倒翁"娃娃、玩具、胶水瓶。用电筒从玩具的左边照射过去，让孩子知道影子产生必须要有光的照射，而且物体必须是不能透光的。

2. 将电筒的光线从左边移动到玩具的右边、顶部，请孩子们一边观察，一边讨论影子的变化过程。让孩子初步领会影子是随着光线的移动而移动的。

3. 运用各种操作资料，让孩子自己动手操作。

孩子每人拿着小电筒，充分运用各种操作材料来寻找影子，进一步理解影子产生的条件及变化的特点。孩子们在操作过程中发现了影子的许多秘密。（如影子一会儿在前面，一会在后面，一会在左，一会在右，等等。）

（三）帮小熊解决问题

孩子通过小实验，帮助小熊想出了许多好办法（如叫小熊在树荫下睡觉时，要定时换位置或搭个小帐篷等）。

（四）游戏：捉影子，测量影子

教师带领孩子们到户外，把孩子们分6个小组，每组选1名能力强的孩子用镜子反射阳光，照在墙上、地上，其他小孩用手捕捉，用脚踩。之后用水彩笔去测量影子的长度，看看捕捉的影子有几支水彩笔那么长，并做好记录。

【活动延伸】

1. 教师带领孩子观察幼儿园内榕树早上、中午、下午的影子，然后用粉笔将其影子的轮廓画下，再作比较。

2. 布置孩子们回家和父母一同玩影子的游戏，使孩子们能发现更多有关影子的知识。

【活动效果评析】

在日常生活中，虽然许多科学的奥秘、原理，现在还不被孩子们所理解，但是孩子们所表现出来的兴趣和求知欲望会成为他们学科学、爱科学的巨大推动力。讲故事和观察教师操作实验能激发孩子探索影子活动的兴趣。然后让孩子们自己动手进行操作，在小实验中自己亲身实践，有助于拓宽孩子的探索思路，在反复操作和比较中，使孩子们的观察力、想象力、创造力和动手能力都得到很好的发展。

在这一节科学教育活动中，孩子们始终主动地、有创造性地，在轻松愉快的、无拘无束的"玩"中学习。孩子们在操作中探索和发现问题，得到答案，拓宽了探索思路，真正体验到"我能行"的积极情感。

【活动建议】

本次活动教师采用了故事导入的方式，通过故事的讲解，激发了幼儿参与活动的兴趣。在幼儿实践这一环节中，教师应根据幼儿的能力水平，注意在幼儿活动实践时的巡回指导，特别是对一些能力较差的幼儿，教师应通过语言等不断地启发幼儿的思考，帮助幼儿解决问题。

附：故事《树荫》

火辣辣的太阳，凉爽爽的树荫。小熊躲在树荫里，睡得又香又甜，呼呼，呼呼……

突然，小熊被一团火辣辣的东西烫醒了。他马上跳了起来，揉揉眼睛，一看，呦，树荫跑开了，是谁在开玩笑？小熊很生气，他问小树，小树摇摇树枝说："我不知道啊！"他问小鸟，小鸟扇扇翅膀说："我也没有看见！"一只小狗走过来，小熊又问小狗，小狗说："你自己想一想！"小熊抬头望望太阳，太阳也正笑嘻嘻地看着小熊呢，小熊又低头望望树荫，树荫又跑到另一边去了。小熊拍拍脑袋："喔，我知道了，是太阳在开玩笑！"小熊拿来锤子、钉子，找来绳子，搬来木桩，开始钉起树荫来，心想：哼，我要把树荫牢牢钉住，看它还往哪里跑！

完工后，小熊又美美地跑到树荫下去睡觉了。不一会儿，小熊又被火辣辣的东西烫醒了。小熊生气地跳起来，边跳边对着太阳挥拳头："你真坏，你真坏！"

第四节　幼儿园大班科学领域案例

活动1：奇妙的植物色素

如东县实验幼儿园　曹志华

【活动目标】

1. 知道植物中含有各种色素，初步了解植物色素的用途。
2. 培养对大自然的好奇心和探索的兴趣。
3. 体验合作印染的快乐，享受成功的喜悦。

【活动准备】

1. 各种植物的叶子、果实、花瓣等（如草叶、紫甘蓝、草莓、枸杞、花瓣等）。
2. 锤子、木棍、石块、白色棉布若干。
3. 小桶一只，黑板一块，老师自己用植物印制的围巾一块。
4. 介绍植物色素用途的录像短片。

【活动过程】

（一）观看魔术表演，引发幼儿活动兴趣

师：今天，老师给小朋友们变一个魔术。（老师从小桶里拿些绿色的叶子包在白色的手绢里，通过搓、拧等方法，使手绢上染上绿色的花纹。）

师：你们看到了什么？

幼1：你从小桶里拿了一些叶子放在手帕里。

幼2：你的手帕变绿了。

幼3：你不停地这样这样，手帕就绿了。（他一边说，小手一边不停地来回搓着。）

幼4：你把叶子包在手帕里就变绿了。

……

（老师的魔术表演一下子将幼儿带入神秘的意境里，他们一个个都睁大眼睛，屏住呼吸，活动兴趣被充分调动起来，从而激发了幼儿的好奇心和探索欲望。）

（二）探索植物染色的秘密

师：叶子里真的躲着神奇的颜色吗？你们想不想也来变一变？请你们从椅子下拿出篮子，看看你的篮子里有什么？

幼1：菜叶和手帕。

幼2：我是草叶。

幼3：我篮子里是树叶。

师：每个小朋友的篮子里都有一块白手帕和许多绿叶子，你们也来变一变，看看手帕和叶子有什么变化。

幼儿操作。

师：你的白手帕发生了什么变化？

幼1：我的手帕变脏了。

幼2：我的上面也绿了。

师：你的叶子怎么样了呢？

幼：破了、变成一个条条了，我的都烂了、坏了……

师：原来植物叶子上绿绿的颜色藏在它们身体的里边，当叶子坏了、碎了，他身体里边的绿色就跑出来了，所以老师的手帕上和小朋友的手帕上都染上了绿色。

师：请小朋友把手帕放到篮子里，再把篮子藏到小椅子底下。

（这一环节幼儿自己变魔术的过程正好满足了他们先前的那种欲望。当孩子们发现自己也能像老师一样把手帕变绿时，满脸洋溢着成功的喜悦。同时通过观察手帕和叶子的变化，知道这些绿色原来是藏在叶子的身体里边，当叶子破了、碎了的时候，这些绿色才会从叶子的身体里跑出来。）

（三）借助工具探索各种植物中的色素

师：我们已经在植物的身体里找到了绿色，咦？那植物的身体里会不会藏着其他颜色呢？

幼1：不知道，没有吧？

幼2：有，红色。

幼3：黄色。

……

师：老师给你们准备了各种各样的植物，有植物的花儿、果子、也有植物的叶子，拿一种放在布上，你们可以用锤子敲一敲、也可以用石头碾一碾，木棍捣一捣，看看你能找到什么颜色。用过的工具要及时送回去，用过的植物送到白色的空盘子里。好，我们一起到后面找找看。

（幼儿操作、教师指导：你找到什么颜色？再用别的试试看，注意别敲到手上。）

师：找好的小朋友把你的颜色贴到黑板上来。

师：小朋友轻轻上来。啊，小朋友找到这么多漂亮的颜色。谁到前面来告诉大家你找到什么颜色？

幼：粉红色、黑色、蓝色、枚红色、橘黄色……

师：原来植物的身体里藏着各种各样的颜色：红、黄、紫、蓝……，还有我们刚才找到的绿色，他们都有一个共同的名字叫植物色素。

（这一环节我先让孩子们猜一猜植物的身体里会不会藏着其他颜色，再让他们通过实践去验证自己的猜想，从而使他们发现植物中含有丰富的颜色，使每个孩子都能获得成功的体验。在这种自由、宽松的环境中，他们纷纷将自己的新发现与同伴交流分享。）

（四）初步了解植物色素的用途

师：这些漂亮的植物色素有什么用呢？我们一起来看一段录像。（观看录像）

师：植物色素有什么用呢？

幼：可以做药、可以让食物的颜色变漂亮、可以做化妆品和水彩笔、还可以染布……

（通过观看人们利用植物色素生产的各种产品的录像短片，使幼儿对植物色素的用途有一个初步的了解，并感受到植物色素在我们生活中的作用，从而培养幼儿从小关注生活的意识，更重要的是激发幼儿热爱科学、热爱生活的美好情感。）

（五）用各种植物印染围巾，体验合作的乐趣

师：看，老师今天围的围巾就是用植物色素染成的。漂亮吗？你觉得哪里最漂亮？

幼1：我觉得那个边上最漂亮。

幼2：我喜欢中间像树叶一样红色的花纹。

幼3：我喜欢绿色的花纹，有点像小草。

师：这条围巾可是老师精心设计的，你想不想也来印一条围巾呢？瞧，后面也有4条围巾，等会儿我们4个小朋友一组，用植物色素共同染一条漂亮的围巾。

（幼儿操作，教师巡回指导，提醒幼儿注意花型的摆放、颜色的搭配。）

师：来，我们把印好的围巾晾起来让客人老师看一看。问问客人老师我们的围巾漂亮吗？

师：大自然真是太奇妙了，帮我们印出了这么美丽的围巾。现在把我们今天发现的植物色素的秘密告诉班上的小朋友。

（最后孩子们用自己发现的植物色素印染出美丽的围巾，体验探索与创造获得的喜悦与快乐。）

【活动效果评析】

"奇妙的植物色素"这一活动从孩子的兴趣点出发，创设了适合幼儿年龄特点的丰富多彩的学习环境，以此来促进幼儿积极主动地观察、实践、体验，使孩子们在操作中发现植物中是含有色素的，并初步了解植物色素在生活中的应用，让孩子们的探究从身边的事物开始，培养孩子主动关注生活的意识，让他们感觉到"科学并不遥远，科学就在身边"。

本活动主要有两个比较成功的地方，首先，本活动发展了幼儿的自然智能。"植物色素"这个词看似遥远、陌生，其实它随处可见。在设计和开展活动时，首先我们要想到的是通过活动，幼儿对大自然热爱了多少，兴趣提高了多少。因此，在活动一开始通过老师变魔术来调动幼儿的好奇心和探索欲望，也为后来幼儿的自主探索打下了基础。孩子们通过敲、压、碾、搓等方式，从而发现植物色素的秘密。这些常识不是通过灌输得来的，而是通过孩子们通过自己的操作探索获得的，同时孩子们还获得了成功的喜悦。其次，本活动发展了幼儿人际关系智能，培养了幼儿的合作交往能力。在活动中老师给孩子创造了这样一个"合作游戏"的机会：让四名幼儿分成一组共同印染一条围巾，这就必须与他人合作。在活动中有的幼儿已经有了合作的意识，知道自己在布局的时候要和同伴商量，要互相看看，可有的孩子仍然是各印各的。但最后四个孩子要共同将围巾展示给观众，让幼儿体会这是他们共同的成果，知道要做成一件事情需要大家一起合作。

【活动建议】

幼儿获得概念主要有两种方式：一种是通过"实例"的方式，另一种是通过语言理解的方式。大班的幼儿已经具备了初步的抽象逻辑思维能力，因此，教师可以在幼儿通过敲、压、碾、搓等方式，从而发现植物色素秘密的基础上，通过语言表述的方式让幼儿了解"植物色素"这一词。

活动2：会跳舞的乌龟

无锡市石塘湾中心幼儿园　朱静瑜

【活动目标】

1. 尝试在探究中寻找答案，知道乌龟会跳舞的原因。

2. 能通过动手探索发现光源位置与影子位置的关系，并学习记录实验结果。
3. 对科学活动感兴趣，体验探究、发现的乐趣。

【活动准备】

1. 环境：一个适合探索影子的活动室。
2. 教具：大手电筒、彩色的大乌龟、磁带《森林狂想曲》。
3. 学具：每人一个小手电筒、一张白纸、一个彩色的纸乌龟、一张记录单，水母、章鱼、海马等图片若干，胶水、抹布等。

【活动过程】

（一）激趣导入——搭建感悟支点，激发探索兴趣

播放音乐，教师在手电筒、胶水和白纸的帮助下示范乌龟跳舞。

教师：小乌龟跳得怎么样？你们想不想也来试一试呢？

（评析：这一激趣环节，旨在为幼儿搭建学习的支点，激发幼儿探索的兴趣。"会跳舞的乌龟"正是幼儿感悟的一个支点，为下面环节的展开作好了充分的准备。）

（二）探究质疑——自主探究质疑，体验发现乐趣

1. 第一次尝试。

（1）教师引导、鼓励幼儿在白纸、胶水、手电筒的帮助下进行大胆尝试。同时提醒幼儿把白纸的一面对着自己，手电筒放在对着乌龟的一面进行表演，鼓励幼儿互相表演，互相发现问题，互相帮助解决。

（2）帮助幼儿发现小乌龟"跳舞"的秘密。

讨论：小朋友，你们的小乌龟"跳舞"了吗？小乌龟为什么会"跳舞"呢？你们可以相互商量一下。

师幼共同小结：原来，手电筒有光，当光照在小乌龟上就出现了乌龟的影子，手电筒动了，小乌龟的影子也跟着动了，看起来就好像乌龟在"跳舞"了。

（3）引导幼儿再次讨论：为什么有的乌龟会"跳舞"，有的却不会"跳舞"。

① 展示"跳舞"与"不跳舞"的乌龟，引导幼儿仔细观察，寻找发现其中的秘密。

② 讨论：为什么都用手电筒照了，有的乌龟会跳舞，有的却不会呢？

师幼共同小结：原来，当小乌龟的头、尾巴和腿都没有涂胶水，并且都向上翘时……小乌龟就会"跳舞"了。

（评析：有思才会有疑，有疑才会有动力。幼儿在活动中充分地与材料、环境、他人互动，兴趣盎然地参与到了教学全过程中，经过自己的思维活动和动手操作，感知发现小乌龟跳舞的秘密，体验到发现的乐趣，获得了学习的发展。）

133

2. 第二次尝试。

（1）再次探索前的设疑：小乌龟会跳哪些动作呢？

教师进行示范：请小朋友看看手电筒是怎么动的，乌龟的影子又是怎么动的。（手电筒往左，乌龟的影子就往右。）

（出示记录表、红色和黑色箭头符号，让幼儿根据观察结果演示记录。）

（2）幼儿两人合作，一起尝试、探索发现光源位置和影子位置的关系，并记录结果。

（3）幼儿做好记录后，与其他幼儿交流。

（4）展示幼儿的记录，在教师引导下进行归纳总结：当手电筒向上时，小乌龟的影子就向下；当手电筒向下时，小乌龟的影子就向上；当手电筒向左时，小乌龟的影子就向右……

（5）随音乐表演，从玩法上进行调整，体验探索的乐趣。

（评析：这是本次活动的难点，我采用了探索法、记录法、体验交流法等来突破难点。幼儿在活动中发现问题，尝试错误，验证错误，最终获得一定的科学经验。）

（三）迁移经验，实践提升——动物舞会

1. 引导幼儿迁移经验，尝试让其他海洋动物"跳舞"，发现有关其他事物的影子的奥秘，体验探究的乐趣。

2. 最后集体随音乐进行欢快的动物舞会，可以单独、亦可以结伴表演给客人老师看。

（评析：学习不仅是为了学习而学习，学习最终的目的是要把知识经验转化为生活实践经验，这个环节的迁移实现了显性的知识技能的迁移，可以说是活学活用。）

【活动效果评析】

幼儿不同于成人，他们不是"听"科学、"看"科学，更不是"想"科学，而是"做"科学。我国著名教育家陈鹤琴有这么一句话："儿童的世界，是儿童自己去探索，去发现的。他自己求来的知识才是真知识；他自己所发现的世界，才是他的真世界。"只有幼儿亲历真实的探究过程，才能使其掌握认识世界的金钥匙。从整个教学活动的设计来看，"会跳舞的乌龟"遵循了"适合幼儿的现有水平，又有一定挑战性"的原则，以疑激趣，以趣激活，由表及里、由浅入深，使孩子们在做中思考，做中创造，做中进步。

【活动建议】

《纲要》强调："科学教育应密切联系幼儿的实际生活进行，利用身边的事物和现象作为科学探索的现象。"影子是幼儿在日常生活中熟悉的也是常见的现象。但是，"亲手让影子动起来"对于幼儿来说却是十分新奇的，熟悉与新奇的碰撞可以激发幼儿学习的欲望。加上大班的幼儿随着年龄的增长，他们的思维已由具体形象思维逐步过渡到抽象逻辑思维，他们喜欢做做玩玩，喜欢自己动手操作，并已经具有了一定的制作、实验、记录等操作能力，这些经验、能力为活动的开展奠定了基础。本次活动"会跳舞的乌龟"，让幼儿通过亲历—感悟—

实践来发现、获得一些有关影子的感性经验，感受科学探索的过程和方法，体验探究发现的乐趣。教师在"第二次尝试"这一环节，引导幼儿记录观察结果时，示范可以更细致，这样更易于幼儿后面的观察记录。

活动3：小鬼当家

黑龙江省大庆油田物业集团托幼中心乘风总园乘风四幼　邹庆妤

【活动目的】
1. 让幼儿学会仿编和解答4的加减应用题。
2. 在生活情景中能根据水果卡片自编4的加减应用题。
3. 激发幼儿学习数学的兴趣。

【活动准备】
1. 知识经验准备：请家长带幼儿去买东西，使幼儿了解一个买与卖的过程。
2. 物质准备：准备各种水果卡片，人手4个替代物作钱。

【活动过程】

（一）以"帮农民伯伯摘果子"引入

师：小朋友，果园里的水果都成熟了，农民伯伯想请你们帮他摘水果，你们愿意吗？（愿意）

（二）游戏"摘水果"：老师交代游戏玩法和规则

（三）分类活动：分水果

1. 引导幼儿将自己所摘的水果跟同伴之间进行交换。
2. 交代任务：将各种水果分别放在筐里。

（四）歌表演:《摘苹果》

师：果园大丰收了，我们多高兴啊，让我们来唱首庆丰收的歌吧！。

（五）师通过情景表演仿编4的加减应用题

1. 仿编4的减法应用题。

师：摘完水果了，我觉得真渴啊，我该怎么办？（买水果吃啊！）可农民伯伯已经把水果卖给老板了，我得去买水果吃了。大家看，我有多少钱？（4块钱）我只有4块钱，这些钱啊只能买两次水果，我得好好地想想看该买什么水果吃了。

（1）师买了一个苹果，提问题。

师：刚才老师做了什么事？（买苹果）我原来有几块钱，（4块钱）买1个苹果花了几块钱，（1块钱）仔细听老师给你们提了一个什么问题？

（2）引导幼儿了解仿编减法应用题的条件。

师：给你们提了什么问题？（还剩下多少钱？）

师：小朋友是怎么回答的？（还剩下3块钱）

师：你们是怎么知道还剩下3块钱的？（因为老师原来有4块钱的，买苹果花了1块钱，就还剩下3块钱。）

（3）出示算式卡：4－1＝3，引导幼儿了解各个数字所代表的意义。

师：我们学过了加法和减法，我们可以用什么方法来计算？（减法）

2. 仿编4的减法应用题。

师：还剩下的钱我想买什么呢？

（1）老师买了3根香蕉，提问题。

师：陈老师买苹果花了多少钱？（1块钱）那买香蕉又花了多少钱？（3块钱）仔细听，老师又给你们提了一个什么问题？

（2）引导幼儿了解仿编加法应用题的条件。

师：刚才老师给你们提了什么问题？（一共花了多少钱？）

师：小朋友是怎么回答的？（一共花了4块钱）

师：你们怎么知道一共花了4块钱啊？（因为老师买苹果花了1块钱，买香蕉花了3块钱，一共就花了4块钱）

（3）出示算式卡：1+3＝4，引导幼儿了解各个数字所代表的意义。

师：我们可以用什么方法来计算？（加法）

（六）幼儿仿编4的加减应用题

师：爸爸妈妈不在家，没时间去水果店买水果，我们来当家，帮爸爸妈妈到水果店买水果吧，请小朋友看看，爸爸妈妈给每位小朋友准备了几块钱？

1. 提出编题方法。

4块钱只能买两次的水果，买一次水果后，问同伴一个问题；用剩下的钱买第二次水果后，再编一个问题，考老师。

2. 请个别幼儿进行仿编，师指导。

（七）游戏："水果店"

1. 分配角色，2个女售货员，2个男售货员，编2+2=4的应用题。

2. 交代游戏规则。

（1）水果摊的任何水果只能1元1个。

（2）顾客买了一次水果以后，就得问同伴一个问题，剩下的钱买第二次水果后，再问老师一个问题。

（3）强调最后的一句话不能说出答案，应该提问题去考别人。

3. 幼儿游戏，师指导。

（八）集体小评，请个别幼儿说说自己编的问题

（九）结束

师：小朋友摘水果摘得这么棒，另外一个果园的农民伯伯也想请你们帮他摘果子，愿意吗？（愿意）那就快跟老师去果园吧！

【活动效果评析】

幼儿期正处于数学学习的启蒙时期，幼儿学习的特点是离不开具体丰富的生活经验，因而，幼儿园数学教育活动的内容与组织离不开生活实际。《纲要》中要求："要选择贴近幼儿的生活，选择幼儿感兴趣的事物和问题。"强调了幼儿园教育尤其是数学教育活动必须回归生活与幼儿生活实际密切沟通，以充分调动幼儿学习的主动性。"小鬼当家"这一活动内容贴近幼儿生活实际，符合幼儿的兴趣。在买东西的游戏中，边算边练习找钱是对减法运算的培养，并且引导幼儿用比多少的形式，找到各数字间的关系，在游戏中融入了数学教育，能更好地吸引幼儿的兴趣，提高幼儿学习数学的积极性。

【活动建议】

按照加减法的学习来说，教师在仿编应用题这一环节，可以先仿编4的加法应用题，再仿编4的减法应用题。并且4有两种分解方式，一种是可以分解为2和2，另一种是可以分解为1和3，因此，在仿编4的应用题时，教师两种情况都应涉及。

活动4：奇妙的沙

成都市双流县籍田幼儿园　李萍

【活动目标】

1. 认识和了解沙的特性与作用，促进幼儿感知觉发展。
2. 初步掌握染沙的技能，练习手的协调性。
3. 基本掌握制作沙画的技能，发展创造力，体验成功感。

【活动准备】

1. 第一部分：玩沙的录像资料、沙坑、玩沙的工具；
2. 第二部分：彩色沙粒少许，各色颜料，面筛、小桶、塑料小铲，废旧报纸，滚筒或碾子；

3. 第三部分：沙画、水彩画各一幅，胶水、糨糊、棉签、毛巾、纸篓、渣盘。

【活动过程】

（一）好玩的沙（了解沙）

1. 播放录像（玩沙的各种情景），引起幼儿玩沙的兴趣。

提问：他们在干什么？（启发幼儿回忆录像情景，情绪融入。）

他们是怎么玩的？（引导幼儿用完整的语言来讲述。）

你们愿不愿意玩沙？（激发幼儿玩沙的兴趣。）

2. 提出玩沙时的要求和安全注意事项。

3. 组织幼儿玩沙，了解沙的外形特征和特性。

（1）请幼儿观察，进一步了解沙的外形：形状（细小颗粒）、颜色（红、黑等）。

（2）幼儿玩沙，教师巡回观察，并参与到活动中去，指导个别幼儿。

（3）小结：引导幼儿根据自己操作的过程和结果，进一步了解沙的特性：流动性、可塑性（可从指缝流走，可堆积各种造型，如房子、城堡等）。

4. 组织幼儿讨论，了解沙的作用。

（1）了解沙的作用。

① 提问：沙可以用来做什么？

② 启发幼儿深入思考，引导幼儿讨论并说出哪些东西是用沙制成的。

★ 生活方面：可以过滤水，可以做沙坑等。

★ 建筑方面：地面、墙面、房梁、屋瓦、修路、建桥等。

★ 其他方面：制作乒乓球台、电桩等。

（2）了解关于沙的游戏。

① 鼓励幼儿思考并说说可以用沙来玩哪些游戏（如打沙仗、塑造各种造型、扔沙包等）。

② 引导幼儿进一步说出关于沙的其他游戏（如沙滩排球等）。

③ 小结：小朋友们很会动脑筋，想出了这么多好玩的游戏。老师也想到一个好游戏，想和老师一起玩吗？

（二）有趣的沙（染沙）

1. 教师展示彩色沙粒，让幼儿观察、触摸并猜猜是怎么变出来的。（之后告诉幼儿这是用颜料变出来的，以此激发幼儿染沙的兴趣。）

2. 取沙，并进行淘洗。

（1）交代淘沙的方法，幼儿分组淘沙。

（2）将淘洗干净的沙放入容器中。

3. 染沙：

（1）教师教给幼儿把洗净的沙和颜料调和在一起的方法。
（2）引导幼儿将沙染成各种颜色，培养幼儿的创造力。

4. 晾晒：
教师出示废报纸，引导幼儿将染好的沙按不同颜色分别洒放在户外的报纸上晾晒。

5. 碾沙：
带领幼儿一起将凝结成块状的沙碾细，并分色放置待用。

小结：小朋友们一起取沙、洗沙、染沙、晒沙、碾沙，体验到了劳动的艰辛与成功的喜悦。那么，我们辛辛苦苦染出的沙可以用来做什么呢？

（三）美丽的沙画

1. 激发幼儿制作沙画的兴趣。教师出示一幅水彩画和一幅沙画，让幼儿仔细观察和触摸，比较并感受它们的不同，引起幼儿制作沙画的兴趣。

2. 引导幼儿回忆"玩沙、用沙造型、设计图案的经验和乐趣"，说一说其中出现的弊端（如风吹易散、图案不能长时间保持，并且不能随意挪动等）。

3. 启发幼儿讨论并说出怎样使图案保持更久。（除了把沙变湿以外，还可以利用粘性强的物质，如胶水、糨糊等固定用沙制成的图案。）

4. 制作沙画。
（1）幼儿观察教师示范用沙作画，并讨论得出方法和步骤：先用水彩笔在材料纸上勾画出自己喜欢的图案，再用胶水沿图案的轮廓涂抹，最后把所需要的彩色沙粒轻轻地、均匀地洒在图案上。
（2）教师提出作画要求和注意事项，请幼儿作画。（可单独进行，也可与同伴一起合作。）

作画要求：胶水要适量；不同颜色的沙不能混合；注意保持清洁卫生；注意用沙的安全（不入眼等）等。

（3）教师巡回观察并适时给予指导。

5. 小结：对幼儿作品进行评价。
（1）请全班幼儿把作品摆放在自己的桌子上，互相参观。
（2）教师对幼儿作品随机抽样，抽到的幼儿介绍自己的作品。
（3）幼儿与同伴之间互相评价作品，说一说自己最喜欢哪幅画，为什么？
（4）教师小结及评价。

【活动效果评析】

"玩沙"是孩子很喜欢的一种游戏活动，沙的流动性、可塑性等特点会带给幼儿一种特殊的感受，能促进幼儿感知觉的发展，帮助他们练习手的协调性、促进手部肌肉发展，发展创造力，获得情绪上的满足，增加空间关系的认知能力。教师在一些孩子已经初步掌握了用沙来挖、堆、捏、团等技能的前提下，为了进一步培养他们的创造能力和想象能力，拓宽他们

玩沙的思路，设计了"奇妙的沙"这一综合活动，旨在让幼儿进一步了解沙的特性及其作用，让他们在体验游戏快乐的同时，拓展他们的动手操作能力、互助合作能力，发展其感知觉等。

【活动建议】

本活动包括"好玩的沙""有趣的沙""美丽的沙"三个部分。通过三个部分旨在让幼儿认识和了解沙的特性与作用，促进幼儿感知觉发展；初步掌握染沙的技能，练习手的协调性；基本掌握制作沙画的技能，发展创造力，体验成功感。为了促进本活动能够顺利完成，幼儿应该具有知识经验方面的准备。同时可以通过举办幼儿沙画展，巩固幼儿对沙的认识。

活动5：有用的网

博兴县湖滨镇中心幼儿园　郝海珍

【活动目标】

1. 发现网状物品与蜘蛛结网这一现象的关系，感知仿生学的奇妙。
2. 激发幼儿参与活动的兴趣，培养幼儿的创造性思维。
3. 引导幼儿发现网状物品的作用及其应用情况，并用恰当的语言进行表述。

【活动准备】

1. 让幼儿在生活中观察蜘蛛织网的过程，收集各种网状物品并了解其用途。
2. 幼儿收集的各类网状物品（如窗纱、水果包装的网、菜罩、蝇拍、羽毛球拍、乒乓球网、网兜、捕虫网、发网等）若干。
3. 有关"网"的幻灯片。（内容包括跳跳床、自行车前的车筐、网眼的鞋子、电扇上的安全网、洗衣机上的滤网、各种球网。）

【活动过程】

（一）谜语引入活动，激发幼儿兴趣

师：一只虫真是好，修了月光台，躲着不动弹，食物自己来。它是谁？（蜘蛛。）出示蜘蛛的幻灯片，让幼儿观察：它们在干什么？（织网、捕捉昆虫。）

师：蜘蛛是怎样用网捉虫的？（启发幼儿根据自己的观察或经验讲述。）

（二）讨论交流

师：蜘蛛网的用处真大，我们生活中的许多地方也都用上了网或像网的东西，你们找到这些东西了吗？在哪里找到的？

1. 请幼儿用比较恰当、完整的语言介绍自己收集的网状物品，并展示给大家看。（如"我发现妈妈的衣服像网""我发现装西瓜的袋子是网状的""我看到足球门像网""乒乓球桌的中间有网"；等等。）

2. 集体讨论网状物品的作用。

师：这些东西为什么要做成网状的？做成网状有什么好处？（有的是为了美观，有的是为了透气，有的是为了让人们看得更清楚，等等。）

（三）观看幻灯片，了解网状物品在生活中的应用情况

1. 观看幻灯片。内容有：儿童公园的网状跳跳床、电扇上的安全网、空调上的防尘网、洗衣机里的滤网、围墙上的铁丝网以及网状保安窗、纱门、纱窗、各种球网等。

2. 引导幼儿说说自己平时看到的网状物品，并说说它们的作用。

（四）设计各种各样的网

师：如果请你设计，你想做一张怎样的网，用来干什么？

1. 幼儿在纸上自行设计各种用途的网或网状物品。

2. 小组交流所设计的网状物品及其用途，如捕捉动物的网、用作游戏的网、用于日常生活的网等。

【活动延伸】

学习用绳子织网。

【活动效果评析】

大班年龄的孩子对外界事物充满了好奇和探究的欲望，特别是与生活息息相关的东西。"网"在生活中各个地方都会用到，而且它们的用处也多种多样。"有用的网"巧妙地把众多用不同材料制作的、用途不一的网状物品与蜘蛛结网这一自然现象联系了起来，这不仅使幼儿有可能在经验层面上获得有关仿生现象的感知印象，还为幼儿进行创造性想象提供了条件。

在活动中，教师首先以幼儿感兴趣的谜语引出活动并了解蜘蛛织网的特点。其次，教师较多地运用了讨论交流的方法，使幼儿不仅可以从教师那儿，而且可以更多地从同伴那儿获取信息。最后以绘画手段设计各种各样的网的环节使幼儿有可能不受限制地进行思维和想象，从而让幼儿的创造潜能得以充分表现。

【活动建议】

在活动导入环节，教师通过谜语导入活动后，为了让幼儿了解蜘蛛织网的过程和捉昆虫的过程，可以采用多媒体播放相关动画，这样更为直观和形象，更便于幼儿的理解。

第六章 幼儿园艺术领域案例

第一节 幼儿园艺术教育的目标、内容和指导要点[①]

幼儿园艺术教育的主要目的是丰富幼儿的情感,培养幼儿初步的感受美、表现美的情趣和能力,其具体目标如下:

一、幼儿园艺术教育的目标

1. 能初步感受环境、生活和艺术中的美。
2. 喜欢艺术活动,能用自己喜欢的方式大胆地表现自己的感受与体验。
3. 乐于与同伴一起娱乐、表演、创作。

二、幼儿园艺术教育的要求

1. 引导幼儿接触生活中美好的事物和感人事件,丰富幼儿的感性经验和情感体验。
2. 引导幼儿欣赏艺术作品,培养幼儿表现美和创造美的情趣。
3. 提供自由表现的机会,鼓励幼儿大胆地想象,运用不同的艺术形式表达自己的感受和体验。
4. 指导幼儿利用身边的物品和废旧材料制作各种玩具、工艺装饰品,体验创造的乐趣。
5. 为幼儿创造展示自己作品的条件,引导幼儿相互交流、相互理解和相互欣赏。

三、幼儿园艺术教育的指导要点

1. 艺术是幼儿的另一种表达认识和情感的"语言"。幼儿艺术教育应引导幼儿接触生活中的各种美好事物与现象,丰富幼儿的感性经验和情感体验。
2. 艺术活动是一种情感和创造性活动。幼儿在艺术活动过程应有愉悦感和个性化的表

---

① 教育部基础教育司:《幼儿园教育指导纲要(试行)》解读》,江苏教育出版社 2002 年版,第 35 页。

现。教师要理解并积极鼓励幼儿与众不同的表现方式,注意不要把艺术教育变成机械的技能训练。

第二节　幼儿园小班艺术领域案例

活动1：印花背心[①]

【活动目标】

1. 尝试使用小手在纸背心上进行印画,感受不同压印方式带来的不同印迹效果。
2. 在操作中换颜色时,能按要求先用抹布擦净再换颜色,保持画面整洁。
3. 与同伴相互合作完成花背心的前后两面,体验共同创作的快乐。

【活动准备】

1. 教师制作好的手印画背心成品一件,并穿在身上。
2. 幼儿每人一件纸做背心,课前穿好护衣和背心。
3. 各色颜料分盘放好,盘内放一层海绵,控制蘸取的颜料量,每组抹布2~3块。
4. 音乐磁带。

【活动过程】

（一）展示教师的花背心,引导幼儿观察

师：老师今天穿了一件漂亮的花背心,你们喜欢老师的花背心吗?

师：花背心上有什么?这是花纹?有哪些颜色?那么你们也想有一件这样美丽的背心吗?

（二）探索各种压印方式,教师进行讲解示范

师：怎样用小手印出漂亮的花纹呢?

1. 教师边示范边讲解：先用右手蘸一蘸盘子里的颜料,然后轻轻地按在背心上,再把手抬起来,背心就有了一个花纹。

师：我们可以用手掌印,也可以用手指印,还可以用拳头印,换颜色的时候,要把手上的颜料擦干净,再用另一种颜色印。

2. 教师边讲解边示范用手指印圆点、画短线、画圈等,拓展幼儿的思路,鼓励幼儿表达自己的想法；讲解换颜色的方法,引导幼儿用不同压印的方式达到不同的印迹效果。

[①] http://www.chinajiaoan.cn/you1/onews7.asp?id=5572.

（三）交代合作要求，幼儿作画，教师巡回指导

1. 师：我们印完自己的身体面前的部分，可以请好朋友印身体背后的部分。

2. 引导幼儿穿着白纸背心，站在桌子前面蘸颜料，找一个小伙伴，先在对方的胸前压印手掌印、手指印，再在同伴的后背压印手印。

3. 提醒幼儿将白纸的空白地方印上手印。

（四）开展时装秀游戏，展示幼儿作品

播放音乐，带领幼儿在音乐声中走步进行时装表演，鼓励幼儿大胆造型，展示自己的作品。

【活动效果评析】

本次活动以欣赏花背心导入，调动幼儿的积极性，让幼儿自由述说自己所看到的花纹，教师则是重点指导幼儿观察印画。在幼儿操作的过程中，有一部分幼儿的作品上的花纹颜色很多，看上去很漂亮；还有一部分幼儿他们想到画什么就画什么，因此作品上就会出现有的地方很空，有的地方很挤，花纹分布不均；少数幼儿由于绘画能力比一般的幼儿稍差些，依然喜欢使用一种颜色来装饰背心，活动目标达成率不高。

【活动建议】

在讲解示范时，应该提醒幼儿用多种颜色，才能印出花背心，避免单一色。同时教师除了引导幼儿用手掌、手指印花背心外，还可以指导幼儿用另外的东西印，如将纸揉成团，蘸上颜料后印在背心上。小班幼儿注意力的稳定时间非常短，因此，可以将本次活动分为两次进行，第一次主要让幼儿印花背心，第二次开展时装表演，展示幼儿作品。

活动2：小鸡小鸡在哪里[①]

【活动目标】

1. 通过对唱游戏活动，感受歌曲的对答情趣与亲情。
2. 在游戏中充分展开想象创编歌曲，体验对唱活动的快乐情趣。
3. 在游戏活动中，学会孵小鸡（撕贴）的方法。

【活动准备】

1. 各种小动物的胸饰人手一个：小鸡、青蛙、小牛、小狗、小猫等。
2. 与幼儿一起创设游戏情景——"鸡窝""草地""花园"。
3. 蛋宝宝（椭圆形黄色蜡光纸）中间用缝纫机踩好小鸡的外形，剪好圆形、三角形。

[①] http://web.preschool.net.cn/article-39944-1.html.

4. 录音机、磁带《小小蛋儿把门开》、比较悠扬的乐曲一段。

【活动过程】

（一）活动导入

师：小鸡。

幼：哎。

师：今天天气真好，我们到花园去玩，好吗？

幼：好的。

教师和幼儿边唱边跳进活动室，在花园的篱笆旁坐下。

（评析：开始部分让幼儿以小鸡的身份进入角色，比较有效地产生"唤醒"的效果，幼儿的情绪振奋起来，精神集中起来。）

（二）在游戏中学唱新歌《小鸡小鸡在哪里》

1. 学对歌词。

师：小鸡，我们来做个游戏好吗？

幼：好的。

师：小鸡小鸡在哪里？

幼：叽叽叽叽，在这里。

师：小鸡小鸡在哪里？

幼：叽叽叽叽，在这里。

2. 学唱歌曲。

师：鸡妈妈用好听的声音来问，你们会用好听的声音来回答吗？（用琴伴奏。）

师：小鸡小鸡在哪里？

幼：叽叽叽叽，在这里。

师：小鸡小鸡在哪里？

幼：叽叽叽叽，在这里。

（评析：教师以鸡妈妈的口吻和小鸡对唱，富有情感，使幼儿感觉亲切并能更好地进入角色，更好地调动幼儿的情绪情感。）

（三）在游戏中拓展思路创编歌曲，体验对唱活动的快乐情趣

1. 玩游戏《捉迷藏》，借助胸饰创编歌曲。

师：小鸡，我们来玩捉迷藏的游戏好吗？请你们躲在篱笆后面戴十二小动物的胸饰，变成其他小动物，妈妈唱到谁，就请谁边唱边出来，好吗？

2. 发挥想象，创编歌曲。

师：我们生活中，除了刚才唱的小动物以外，还有什么小动物会叫呢？它是怎么叫的？

幼儿讨论后回答。

幼A：老虎会啊呜啊呜叫的。

幼B：山羊会咩咩叫。

幼C：小牛会哞哞叫。

幼D：大白鹅会冈冈冈地叫。

幼儿回答后，个别唱，集体答。

（评析：让幼儿想一想，说一说，编一编，唱一唱，引导他们积极思考，大胆唱出来。在个别唱和集体唱的过程中，共享游戏的快乐及彼此的经验。）

（四）变换角色，帮鸡妈妈孵小鸡

1. 听音乐做律动小鸡慢慢长大。

师：小鸡们都长大了，我好高兴哦！那么你们能不能帮我做事情呢？

幼：能——

师：鸡棚里还有许多蛋宝宝，它们快要孵出来了，我们去帮助它们，让它们早点出来，好吗？

幼：好的。

2. 教师讲解孵蛋的要求，幼儿学习孵蛋的方法。

3. 将孵好的蛋（小鸡）贴在背景草地上。

（评析：教师以角色的口吻和富有情感的语言，很好地调动了幼儿的积极性，充分发挥了幼儿的主动性，又使幼儿体验了帮助别人的快乐。）

【延伸活动】

1. 玩体育游戏"小鸡吃虫"。

2. 绘画"可爱的小鸡"。

3. 进行探索活动"想站立的蛋宝宝"。

【活动效果评析】

教师能从幼儿的兴趣出发，精心选材，并以角色游戏的方法让幼儿在轻松愉快的气氛中学到了本领；活动场景布置科学，富有童趣，活动中没有简单的说教，在自然而然中，幼儿不知不觉地就学会了歌曲。教师能站在启发和引导的地位，为幼儿提供充分表现自我的机会与条件，满足了孩子自我实现的需要。活动中教师将自身饱满、向上的情感投入活动，影响幼儿，感染幼儿，幼儿情绪活跃，主动参与。在师生对唱时，教师的眼神、手势让幼儿对创编充满了信心，使活动的过程真正成为促进幼儿主动发展的过程。

【活动建议】

导入环节，老师可带上母鸡妈妈的头饰，引导小鸡们做舒缓的动作进入活动室；在创编环节应该让幼儿提前认识其他动物的叫声,有利于活动更顺利的开展。

活动 3:小猪睡觉

无锡市五爱实验幼儿园　张洁

【活动目标】

1. 熟悉歌曲旋律,了解歌词内容,并能初步跟唱歌曲。
2. 体验歌曲中表达的欢快情绪。

【活动准备】

猪妈妈胸饰一个、小猪胸饰若干、场地一角布置成草地(绿色地垫)、电子琴、录音机、音乐磁带,并由另外一位教师扮演小猪姐姐的角色。

【活动过程】

(一)玩玩跳跳,轻松进入活动氛围

师幼一起进入去小猪家玩的情境。

(二)情景模唱,学习有趣的呼噜声

师:吃饱了玩累了,我们一起睡会儿吧!妈妈睡觉的时候还会打呼噜,听听妈妈是怎么打呼噜的?(教师边睡觉边打呼噜边唱:呼噜噜噜——噜——呼噜噜噜——噜。)

师:你听到猪妈妈睡觉的时候是怎么打呼噜的?(采用多种形式学一学、唱一唱有趣的呼噜声。)

师:妈妈睡得很香的时候还会这样打呼噜呢!(清唱:呼噜——呼噜——呼噜——呼噜。)

师:我们一起再睡一会儿吧!(鼓励幼儿和教师一起边睡边打呼噜。)

(三)创设情境,初步学习演唱歌曲

1. 完整欣赏歌曲(电子琴音乐、小猪姐姐表演各 1 遍)。
2. 教师清唱歌曲一遍。

师:你听到小猪在干什么?(教师可以根据幼儿回答给予回应。)

3. 初步学唱歌曲。

(1)幼儿尝试完整跟唱歌曲。

(2)教师和幼儿用歌声叫醒猪姐姐。

师:咦!猪姐姐怎么睡着了!妈妈知道猪姐姐一听到好听的歌声就会醒过来,我们来试试吧!

(3)和小猪姐姐一起唱一唱、跳一跳。(自主地跟随音乐动一动)

4. 游戏化演唱歌曲。

（四）分角色进行表演歌曲

【活动效果评析】

这次活动的设计是以角色和游戏情境导入活动，引发幼儿的参与的兴趣。同时利用歌曲旋律作为背景音乐，让幼儿初步感受音乐。能看出孩子们对这样情境导入的活动非常感兴趣，同时孩子们也对音乐旋律有了第一次的亲密接触，愉悦了孩子们的心情。

通过听听、说说、唱唱，学习小猪有趣的呼噜声，将难点前置，为下一环节学唱歌曲做好铺垫，和猪妈妈一起睡觉、打呼噜，孩子们对略有节奏感的呼噜声兴趣浓厚，在此也能进一步拉近教师与孩子们之间的距离。

通过完整欣赏猪姐姐表演（教师清唱），在不同形式的欣赏中，熟悉歌曲并感受歌曲的魅力，激发幼儿初步学习演唱歌曲的愿望。

由于小班幼儿年龄小，在注意力方面持续时间比较短，在活动中插入让人放松的音乐，也缓解了幼儿视听觉的疲劳。

游戏化的演唱歌曲，既不知不觉营造了反复吟唱的氛围，又为幼儿提供了自主表演的机会，激发并满足他们的表演欲，体验随音乐表演的快乐。

【活动建议】

《纲要》明确指出：音乐教学注重萌发幼儿对音乐的兴趣，丰富他们的艺术经验，提高他们艺术表达能力，促使个性完善地发展；为孩子们提供自由参与和自我表达的空间与舞台，拓展幼儿的知识面，让他们获得艺术学习的愉悦与满足，身心得到和谐发展。在对小班幼儿音乐启蒙之前，多尝试寻找最贴近幼儿、最容易让幼儿接受的一些音乐。小班的孩子好动、好模仿，喜爱小动物，而小猪憨厚可爱的形象能充分激起他们表演的欲望。在活动中，教师有意识创设一定情境，通过猪妈妈带宝宝一起去玩、学习有趣的呼噜声、看猪姐姐表演、尝试延长歌曲等环节，吸引小班孩子大胆地参与音乐活动，引起他们的活动兴趣。让幼儿在充分的视听感知中熟悉旋律、借助动作记忆歌词，从而体验音乐活动带来的快乐。为了让活动更好地开展，在情景模唱时，教师可让幼儿拍手掌握呼噜声的节奏；在分角色表演的时候，可让男孩扮演猪弟弟，女孩扮演猪妹妹。

活动4：开汽车

东营区实验幼儿园　张娟

【活动目标】

1. 感受音乐活泼、欢快的情绪，随音乐有节奏地开汽车。

2. 会听辨音乐中的"嘀嘀"声，增强遵守交通规则的意识。
3. 培养幼儿与他人合作的意识。

【活动准备】

1. 幼儿座位呈半圆形。
2. 录音机、音乐磁带（音乐选自音乐游戏王国《4》颜色汽车）。
3. 自制方向盘人手一份。
4. 红、绿色灯各一个。

【活动过程】

（一）倾听、感受音乐

1. 幼儿初次倾听音乐。
教师：猜猜谁来了？
提问：汽车开在马路应遵守哪些交通规则？
2. 请幼儿再次倾听音乐，要求听的时候注意音乐中什么时候红灯亮、什么时候绿灯亮，放音乐时教师出示红绿灯提示幼儿。
提问：音乐中什么时候红灯亮了？红灯亮小汽车要怎么样？（请小朋友用动作学一学）什么时候绿灯亮了？绿灯亮了，汽车就可以怎么样了？

（二）学习音乐游戏"开汽车"

1. 教师随音乐示范"开汽车"。交待椅子作为车库。提出要求：观察汽车什么时候开，什么时候停，什么时候开回车库的。
2. 请幼儿跟着音乐做开汽车的游戏，提出要求：要用小耳朵听清音乐，心里想好什么音乐，汽车该怎么做。

（三）分组游戏

1. 请男孩为大家表演音乐游戏"开汽车"，女孩的"汽车"停在"车库"里，拍手伴奏。
2. 交换角色，女孩开汽车，男孩拍手伴奏。
3. 幼儿开汽车出活动室。

【活动延伸】

体育活动开展过"开汽车"游戏。

【活动效果评析】

汽车是幼儿在日常生活中常见的交通工具，幼儿对此十分熟悉。音乐游戏"开汽车"贴近幼儿生活，吸引孩子的兴趣，所用音乐活泼、欢快、富有童趣。活动中教师运用体态语言

提示幼儿掌握节奏和方向，让幼儿在玩的过程中会听辨音乐中的"嘀嘀"声，增强了幼儿遵守交通规则的意识。

【活动建议】

在教师示范"开汽车"时，要提醒和帮助幼儿掌握音乐的节奏和汽车行驶方向；活动中可选择一位小朋友当交通指挥员，让游戏更加生动。

活动5：折青蛙[①]

【活动目标】

1. 掌握双三角的折法，能较均匀地将左右两个角向同一方向折叠。
2. 能够动手操作及游戏完成教学任务。
3. 培养热爱自然、亲近自然、保护动物的感情。

【活动准备】

青蛙玩具、青蛙图片，大范例一个，正方形纸若干，布置成池塘的展板一块，青蛙跳音乐片段。

【活动过程】

（一）启发引导幼儿总结青蛙外形特点

师：今天老师给大家带来了一位好朋友，我们来看看是谁呢？它有什么样的特点呢？

（二）出示大范例，引导幼儿观察范例中前后腿的折法

（三）教师分步示范折叠方法，重点讲解双三角的折法

（四）鼓励幼儿大胆尝试，教师巡回指导，帮助幼儿掌握重点，体验成功感

（五）游戏"青蛙赛跑"

（六）引导幼儿将"青蛙"放在"池塘里"

师：小青蛙玩累了，它该到池塘里喝水，休息了。咱们把它们放到池塘里，让它们休息。小朋友也要向青蛙一样，该喝水，休息了。

喝水环节中，教师口头帮助幼儿复习青蛙的折法，再引导幼儿进行讲评。

【活动延伸】

小朋友回家教父母折青蛙进行游戏，一方面复习，一方面增进家庭亲情。

【活动效果评析】

教学过程中充分调动了幼儿的参与性。每个幼儿都能完成一件手工作品；在教学活动中，

[①] http://web.preschool.net.cn/article-70630-1.html.

幼儿之间相互合作,这样培养了幼儿的团结协作精神。在教学准备、幼儿动手操作方面等,教师都考虑得非常周到,并且重点讲解了双三角形的折法。只是教师讲解示范得不够清楚,影响了整体的活动效果。

【活动建议】

活动导入时可通过儿歌或者谜语的方式丰富幼儿对青蛙外形特点的认知,激发幼儿折青蛙的兴趣;在讲解示范时,步骤和重点要分明突出;可引导幼儿认识青蛙对于保护稻田的作用,让幼儿学会保护青蛙,达到情感目标。

第三节 幼儿园中班艺术领域案例

活动1:小鸟的家

双流县籍田幼儿园 周家佳

【活动目标】

1. 初步了解鸟的生活环境,并体验绘画的快乐。
2. 幼儿感受春天的气息,激发对小鸟的喜爱。

【活动准备】

教师示范画、蜡笔、画纸、记号笔、小鸟头饰。

【活动过程】

(一)导入

师:老师给小朋友请来了一个好朋友,我们来看一看它是谁?(小鸟)咦!小鸟在哭,我们来问一问它怎么了?小鸟小鸟,你为什么哭呀?(小鸟说:我的家被风刮坏了,我没有家了。)师:刚才小鸟说什么?我们该怎么办呢?我们怎么来帮助它呢?

(二)开展部分

师:我们给小鸟画一个家吧!可是它的家在哪儿呢?

1. 拿出示范画,幼儿欣赏。(提问:小鸟的家在哪里?)

师:小朋友们都很有爱心,那接下来我们就给小鸟画一个舒适的家吧!

2. 教师讲解绘画要求。
3. 分发画纸,师幼共同绘画。教师画一笔,幼儿画一笔。

4. 对于个别不会的幼儿，教师给予指导。

5. 幼儿给自己的作品上色。

（三）结束部分

师：小鸟们在小朋友们的帮助下找到了自己的家，可开心了，非常感谢你们帮助了它，可是它希望我们能再帮它一个忙，让我们去告诉所有的人们，要爱护我们的大树，爱护小鸟，现在我们就一起去告诉幼儿园里所有的小朋友好不好？

活动结束，教师带领幼儿出活动室。

【活动效果评析】

"小鸟的家"是一个中班美术活动，幼儿在公园里、花鸟市场上看到过各种各样的鸟，鸟的世界对孩子有极大的吸引力。本活动有助于培养幼儿对大自然的关注和热爱。本次活动的目标在于让幼儿初步了解鸟的生活环境，并体验绘画的快乐及感受春天的气息，激发对小鸟的喜爱。在题材的选择上很适合幼儿，而且也适合幼儿作画。但在活动中，教师给予幼儿的自由空间太少，没有启发幼儿主动地去思考，过于强调幼儿的模仿能力，而忽视了幼儿想象力的培养，导致整堂活动效果不理想。

【活动建议】

幼儿想象力、创造力的培养一直是幼儿园活动的重点。对于幼儿绘画来说，教师评价的一个重要标准并不是像不像，而是在绘画中幼儿是否有自己的想法。因此，在本活动的展开环节，教师让幼儿给小鸟画家时，不用教师画一笔幼儿画一笔，应让幼儿自由发挥，这样更有利于幼儿想象力的发展。

活动2："发型秀"

江苏省江阴市周庄实验幼儿园　方敏

【活动目标】

1. 通过欣赏、设计发型，感受艺术美，激发幼儿创作的兴趣和欲望。

2. 在用绳画直线和曲线的基础上，启发幼儿按照自己的想象，大胆尝试将各种线条进行组合并选择不同颜色和棉绳尝试为妈妈设计富有创意的发型，逐步提高幼儿控制手部动作的能力。

3. 培养幼儿爱妈妈的美好情感。

【活动准备】

1.5厘米长的中粗棉绳若干，棕、黑、黄、红、橙等水粉色。

2. 课件"发型秀"。

3. 画好脸型的轮廓纸（数量多于幼儿人数）、线条统计表格、幼儿作画时的小音乐、小苹果贴纸、抹布、幼儿作品展示板。

【活动过程】

（一）谈话导入活动

师：你们认识我吗？知道我是什么老师吗？方老师难得和小朋友见面，来之前特意请理发师给我设计了一个新发型，看我的头发！你们觉得我的新发型漂亮吗？哪里漂亮？

幼：漂亮！卷的，还有颜色（本来是黑的，染了点黄色就更漂亮了），刘海（当幼儿说到前面的头发漂亮时，告诉幼儿：这留在前面的头发叫刘海，理发师帮我剪的刘海，直直的，有点斜）……

师总结：看来我的头发很漂亮，我对理发师给我设计的这个发型也很满意，卷卷的，黑黑的头发上染了点黄色，还为我剪了直直的有点斜的刘海。哦！对了，我的发型还有名字呢！猜猜是什么名字？（烟花头）像不像新年里放的烟花呀！哪里最像？

（评析：教师通过和孩子们交流自己为了来给他们上课而特意请发型设计师设计的新发型，不仅表现了老师对孩子的尊重，缩短了和孩子们之间的距离，也有效地激发了孩子们对发型的兴趣。）

师：那你们的妈妈有没有漂亮的头发？你们妈妈的头发是怎样的呢？

幼：我妈妈的头发是直直的、长长的；我妈妈的头发也是卷起来的；我妈妈的头发前面是直的，旁边是卷的……

师：那你们对妈妈现在的发型满意吗？母亲节快到了，你们想不想为妈妈换一发型，自己给妈妈设计一个新发型，送给妈妈当礼物，让她更美呢！

幼：想！

（评析：结合母亲节，让孩子们为妈妈设计一个新发型做礼物，不仅培养了孩子们爱妈妈的情感，也有效激发了孩子创作的激情。）

（二）播放课件，欣赏各种发型

师：现在电视台正在举行一个发型设计比赛，在为妈妈设计新发型之前我们一起去看一看发型设计师们都设计出了哪些漂亮的发型。

1. 播放课件，欣赏发型秀。

师：这些发型漂亮吗？那看了这么多的发型，你喜欢几号发型，为什么？

（幼儿自由发表想法，教师顺势引导幼儿全面观察该发型。）

1号：长长的、直直的、黑黑的，看上去特别光滑，像条瀑布。

2号：染色很漂亮，有红有黄，头发长长短短的看上去很有个性，像太阳、像彩虹。

3号：卷卷的，还染了金黄色，头发特别多，像个芭比娃娃。

4号：盘发，它是长发盘起来的，就像一朵一朵的玫瑰花，黑黑的头发上也染了点黄色。

5号：卷卷的、长长的，刘海还有点往上翘，戴了朵花像个新娘子。

6号：长长的卷发，染了黄色，刘海是斜的，很漂亮。

教师总结：这些发型真好看，有直发，有卷发；有长发，有短发；有刘海的，也有没刘海的；有染颜色的，也有没染色的，都很特别。

（评析：一个个时尚的发型深深吸引住了孩子们的眼球，开阔了幼儿思维，拓展了幼儿视野。）

2. 出示"线条统计表"。

师：我们的头发是由一根一根头发丝组成的，这一根一根的发丝就像一条一条的线条。那我们一起来找一找在这些漂亮的发型里都藏了哪些线条？你发现了哪些线条呢？

幼：x号xx线（直线、"电话"线、"楼梯"线、"蜗牛"线、波浪线）。

师：瞧！这是什么？上次我们用绳宝宝作画好玩吗？那今天帮妈妈设计新发型，还请绳宝宝和我们一起来帮忙好吗？

师：刚才xx小朋友在x号发型里找到了直线，那我就请绳宝宝来画一条直线。（请几个小朋友画一画，并指导他们少蘸一点颜料，轻轻地画。）

（评析：告诉幼儿我们的头发是由一根一根头发丝组成的，并把我们的头发丝形象地比喻成一条一条的线条，帮助幼儿提取了本次绘画创作活动的线条经验，为幼儿进行发型设计打下伏笔。）

（三）设计发型

师：这些发型设计师们设计的发型真好看，有了漂亮的发型那个人看起来就更美了，老师也忍不住为自己的妈妈设计了一个新发型，看看老师设计的新发型是什么样的？

1. 出示示范画。

师：好看吗？请你们仔细观察一下老师设计的新发型是由哪些线条组合而成的？

师：这些线条组合起来使我的妈妈就拥有了一个很新颖的发型，看我染的颜色也很漂亮吧？染点颜色就能使我们设计的发型更漂亮。

师：看我设计的这个发型有点像什么？（可以起个名字"小鸟头"。）

师小结：将形状不一、长短不一的线条组合成一个有趣、好看的发型，再染上好看的颜色，一个漂亮的发型就成功了。

师：那你们想不想也亲手为你们的妈妈设计一个漂亮的发型呢？

师：现在老师给10秒钟时间，你们考虑你们将给你们的妈妈设计一个怎样的发型？（你想设计的发型有点像什么的呢？用哪些线条组合呢？染些什么颜色呢？起个什么名字呢……）把你的想法告诉旁边的小朋友。

2. 请幼儿介绍自己给妈妈设计的发型。

师：谁来介绍一下你的想法？（请2~3名幼儿。）

（评析：出示范例首先是激发了美感，其次是引导想象，最后是思考新的表现方法和手段，给幼儿的创作提供了方向，进而让幼儿创造性地完成作品，从而达到预期的教学目的。）

（四）幼儿作画及要求

师：小朋友的想法都很有创意，真像一位高级理发师。后面有好多位妈妈正在等着你们这些高级理发师给她们设计新发型呢！相信你们一定能成功地设计出一个独一无二的新发型的，对吗？那今天我们就来举行一个为妈妈设计发型的比赛，来比一比哪个小朋友为妈妈设计的发型最受欢迎，最后评出一个"最受欢迎奖"。要想得奖的话，那你就要设计出和别人不一样，特别漂亮的发型哦。不过我们请绳宝宝帮忙为妈妈设计新发型要注意：妈妈的妆已经画好了，不要把颜料弄到妈妈脸上；绳宝宝每次要少喝一点水而且一根绳宝宝只能喝一种水，不能喝乱了。

师：你是用哪些线条组合帮妈妈设计发型的？设计的是一个怎样的造型呢？像什么？是什么样式的呢？

（评析：以比赛的形式进行创作，有效激发了幼儿创作的积极性和荣誉感。）

（五）评价

1. 你为妈妈设计的发型中用到了哪些线条，设计的是一个怎样的造型呢？像什么？是什么样式的呢？给自己的发型起个名字（小鸟式、花朵式的……）

2. 这么多的发型，你觉得哪一个发型是最有意思、最漂亮的呢？

3. 今天老师为你们准备了两个苹果，一个是奖给你自己的因为大家都比较成功地设计出了漂亮的发型，另一个是奖给你认为最漂亮的一个发型的，直接贴上去就可以了。

4. 幼儿投票。

5. 我们赶快来数一数哪一个发型的票数最多？是谁设计的？哦，真不错，有这么多小朋友支持这个发型设计，我得来采访一下，为什么大家都喜欢这个发型？哪些小朋友把苹果贴到了这里？

6. 现场采访：你刚才为什么把这宝贵的一票投给她呢？

7. 这个发型是谁设计的，真不错，很受欢迎哦，那今天的最受欢迎奖就是你了。你将来有可能成为一个顶级的发型设计师哦！

（评析：采用投票的方式进行评比，一方面对自己的作品表示了肯定，另一方面对同伴的作品表示了赞赏。这样的评价方式是民主的、有趣的，是孩子们乐于接受的。）

【活动延伸】

在活动区内投放相应的材料，让幼儿设计漂亮的发型。

【活动效果评析】

对中班年龄阶段的孩子来说，普遍使用的绘画材料是水彩笔、蜡笔。当绳画这种以绳子为工具材料的独特的画出现时，孩子立即产生了浓厚的兴趣。在本次活动中，教师再次采用孩子们已熟悉并十分感兴趣的绳子作为作画工具，巧妙地用绳子替代理发师手中的剪刀，通过用棉绳画直线、波浪线、螺旋线等表现手法为妈妈梳理出漂亮的发型，并提供不同色彩为妈妈染发，使单一的黑色头发更显活泼、潇洒。在操作实践中，幼儿动手、动脑，成为主动探求并积极参与的创造者，孩子理出的发型生动活泼、充满童趣，直线、弧线、圈圈组合成妙趣横生的图画，理出了"牛头""蝴蝶头""烟花头""闪电头"等许多充满创意、新颖的发型。在孩子眼中妈妈是他们的最爱，孩子对妈妈的爱通过图画得以尽情宣泄，身心得到了满足，主体性发挥得淋漓尽致。

【活动建议】

为了让幼儿明白该如何将绳子等作为绘画工具，帮妈妈设计漂亮的发型。教师可以现场示范该怎么做，比起单纯的讲解来说，这样更利于幼儿的理解。

活动3：玩具乐园

大庆油田物业集团托幼管理中心东湖总园第九幼儿园　吴雪丹

【活动目标】

1. 能跟随快慢不同的音乐节奏，创造性地用身体动作模拟各种玩具。
2. 体验大胆想象、自由表现的欲望与乐趣。

【活动准备】

1. 参观过各种玩具店，玩过各种玩具，并掌握一定的玩法。
2. 学习过儿歌——《我的玩具》，熟悉掌握儿歌中的律动。
3. 节奏快慢不同的音乐片段和完整的音乐歌曲——《玩具进行曲》。

【活动过程】

（一）导入活动

教师出谜语，引出今天学习的教学活动内容。

（二）教师播放音乐，带领幼儿来到玩具乐园区域中，让幼儿任意选取一件玩具，互相观看、自由交谈、讨论，感受玩具乐园的快乐

（三）引导幼儿用身体动作表现玩具造型

1. 师问幼：你们最喜欢什么玩具，为什么？（请幼儿自由回答。请幼儿想象自己如果是

这件玩具，应该用怎样的动作表达玩具的动态。）

2. 教师播放快节奏的音乐，请幼儿在音乐的伴随下，自由发挥模仿玩具动作的主要特征。

3. 教师播放快节奏的音乐，引导幼儿跟随音乐做动作，幼儿之间相互学习。

4. 教师重点出示两种玩具，进行模拟，如"飞机"和"汽车"，引导幼儿充分体验模仿的乐趣和展现表现力。

6. 教师引导幼儿在快节奏音乐的伴随下自由表现"飞机"或"汽车"，音乐一停幼儿立即用身体摆好造型，幼儿互相欣赏。教师请个别幼儿说说自己模仿的是什么玩具造型，鼓励幼儿大胆表述玩具的用处及特征。

（四）幼儿感受快慢不同的音乐节奏，创造性的表现各种玩具

教师：小朋友刚才在音乐中创造出了很多有趣的动作，现在我们再仔细听听，这段音乐和刚才我们听过的音乐在节奏上一样吗？

1. 教师播放慢节奏音乐，幼儿创造性地表现玩具，引导幼儿想象此时飞机在干什么，如"飞机慢慢地着陆，停在了飞机场上"等。

2. 教师播放完整的音乐《玩具进行曲》，请幼儿倾听感受音乐的快慢节奏，并引导幼儿想象，配上合适的动作来表现。

（五）游戏：玩具回家

游戏开始：幼儿每人手里拿一样玩具，背诵儿歌《我的玩具》，鼓励幼儿边背诵儿歌边创意动作，将玩具分类，一一摆回到玩具乐园中。

师：小朋友在玩具乐园中表现得特别好，现在玩具也该回家了，你们一定要把玩具放到玩具乐园相应的位置上呀。

【活动效果评析】

孩子们在玩具乐园中通过观察玩具、玩玩具等活动，对玩具有了切身的感受和体验。在活动前又参观了各种玩具店，积累了丰富的经验，因此，在活动中积极参与，大胆表现自己，发挥想象力，创造出了一个又一个玩具造型。幼儿想象力、创造力都得到了培养，幼儿的自信心和自我表现力也得到了发展。

这节活动主要用音乐的形式来表现活动内容的生动性，在活动中应该多与幼儿沟通，让每个幼儿得到发展，同时体现幼儿与幼儿间的互动，把握好幼儿学习的过程，来发挥幼儿的主观能动性。教师如果有意识灵活地根据幼儿反馈信息，支持、协助幼儿，及时调整教学策略，幼儿就能更好地充分体验自由表现与创造的乐趣。

【活动建议】

在活动过程中教师让幼儿在玩具乐园选一件自己喜欢的玩具，这照顾到了幼儿的兴趣爱

好，但同时幼儿可能会发生争抢玩具或不听教师讲解只关注玩具本身的现象，不利于活动的开展。因此，教师可以先通过播放音乐，引导幼儿用身体动作表现玩具造型，再让幼儿选择自己喜欢的玩具，听音乐、做动作，加深对活动内容的理解。

活动 4：夏天的雷雨

东营区实验幼儿园　王昆

【活动目标】

1. 理解歌曲内容，学会演唱歌曲。
2. 能用"一问一答"的形式合作演唱。
3. 了解夏天的雷雨和闪电。

【活动准备】

1. 歌曲《夏天的雷雨》的 flash 课件。
2. 在活动前引导幼儿观察过雷雨前后的自然现象。

【活动过程】

（一）导入活动

1. 播放雷、闪电、雨声，引起幼儿对夏天雷雨的回忆。

师：你看到了什么？听到了什么声音？你知道发生了什么事吗？

2. 请幼儿根据自己的经验说一说看到过的雷雨现象。

（帮助幼儿回忆再现夏天雷雨的现象，为下面学习歌词做好铺垫。）

（二）欣赏、熟悉歌曲

1. 欣赏歌曲《夏天的雷雨》课件

师：请你听一听，歌曲里提了什么问题？

2. 再次播放音乐后，用"教师问一问，幼儿答一答"的句式，帮助幼儿熟悉歌词。

师：天空中一闪闪，什么光发亮？

幼：一闪闪，一闪闪，闪电光发亮。

师：天空中轰隆隆，什么声音响？

幼：轰隆隆，轰隆隆，打雷声音响。

师：天空中哗啦啦，什么落下来？

幼：哗啦啦，哗啦啦，大雨落下来。

师：咦？这是什么天气啊？

3. 出示图谱，帮助幼儿理解和把握节奏。

（三）填词唱歌

1. 播放歌曲《夏天的雷雨》课件，幼儿跟唱。

师：我们跟着音乐来唱一唱吧。

2. 在教师伴奏下，尝试演唱歌曲《夏天的雷雨》。

师：我来提问，你们来回答。

（四）表演歌曲

1. 请幼儿尝试在演唱的过程中根据歌词内容创编简单的"闪电、打雷、下雨"的动作。

2. 幼儿尝试互相合作，用"一问一答"的形式演唱。

3. 引导幼儿有表情地演唱。

【活动效果评析】

歌曲《夏天的雷雨》其内容来源于生活，为幼儿所熟悉，这为幼儿结合经验理解歌词奠定了一定的基础。其歌词生动、形象，采用了问答形式描述夏天雷雨的特征，问句结构相同，为幼儿学习、记忆歌词提供了可能。歌词中的拟声词"一闪闪""轰隆隆""哗啦啦"可以让幼儿体验到雷雨声在音乐中的震撼力。但是，由于使用了视频课件，孩子被画面吸引，不能集中注意力倾听歌词，因此他们对于歌词不是很熟悉。

【活动建议】

教师在活动过程中采用了"一问一答"的形式让幼儿记歌词。在记歌词的过程中教师可以通过让幼儿边记歌词，边做动作的方式加深幼儿对歌词的记忆。

活动5：小猴和熊

武汉大学幼儿园第四分园　瞿丽

【活动目标】

1. 养成聆听的习惯，感受小猴和熊不同形态的音乐，引导创编各种小猴的动作，表现其音乐形式。

2. 激发幼儿喜欢小猴的情感及做音乐游戏的兴趣。

【活动准备】

森林图一幅，各种动物贴和头饰。

【活动过程】

（一）幼儿听音乐，开火车来到"森林"

问：我们来到了哪里？森林里有什么呀？

幼儿自由想象，教师根据回答，在图中放上各种动物等。

（二）初步感受小猴和熊的音乐

师：今天，老师带来了一段好听的音乐，想听吗？我们来听吧！（完整欣赏音乐一遍。）

师：你们听了音乐，有什么感受？

师：小猴和熊也来了，听听看，哪是小猴，哪是熊。（完整欣赏一遍。）

1. 欣赏小猴的音乐，创编小猴的动作。

师：我们来听这段音乐是谁来了。（幼儿欣赏辨别。）

师：小猴是什么样的？

师：我们跟着音乐来做做吧！（幼儿跟着音乐做小猴的动作。）

师：小猴还可以怎么样？（让幼儿创编各种不同的小猴的动作。）

2. 欣赏理解熊的音乐。

师：听听这段音乐是谁来了？

师：熊的音乐听上去怎么样？（幼儿自由想象。）

师：熊遇到小猴会怎么样？（幼儿自由述说。）

（三）师幼合作游戏

1. 出示头饰，激发幼儿玩游戏的热情。

2. 交代游戏要求：老师扮做熊，小朋友扮做小猴，小猴可以按自己喜欢的小猴的动作参加游戏。

3. 游戏。

4. 简短小结，请一幼儿扮做熊再次游戏。

【活动效果评析】

根据《纲要》中艺术指导的内容与要求：提供自由表现的机会，鼓励幼儿用不同艺术形式大胆表达自己的情感、理解、想象……分享他们创造的快乐。本次活动教师采用逐层深入的方法，让幼儿边玩边学，在玩中感受音乐，在感受音乐的同时玩游戏，减轻了幼儿学习的负担和枯燥感，使得学习在游戏中自然进行，更显趣味性。在活动中教师比较注重孩子的相互学习。这样，不仅让孩子有一种成就感，还能鼓励其他孩子去创新。这次的活动很适合中班孩子的年龄特点，因此在玩游戏时孩子参与的积极性特别高，每个孩子都能在活动中体验音乐带给他们的快乐，尤其是最后一个环节——打熊，将整个活动推向了一个高潮。这次活动的教学目标都达到了。

【活动建议】

在"师幼合作游戏"这一环节,通过教师扮演熊,幼儿扮演猴子和一个幼儿扮演熊,另外的幼儿扮演猴子的方式展开活动。这里还可以让幼儿两两一组,一个幼儿扮演熊,另一个幼儿扮演猴子,角色交替进行,更能激发幼儿参与活动的兴趣,同时也能最大限度地满足幼儿对不同角色的扮演欲望。

第四节 幼儿园大班艺术领域案例

活动1:打字机

重庆市渝中区区级机关幼儿园 杨翠兰

【活动目标】

1. 感受音乐中快速敲打打字机时的轻快感,体验工作的忙碌和快乐。
2. 能准确找准干脆、利落的装饰音"唰"音,并体验其趣味。
3. 安静倾听音乐,能按要求协作进行打字机游戏。

【活动准备】

1. 幼儿经验准备:幼儿有站成方正的经验。
2. 物质准备:《打字机》音乐剪辑、一本大书。

【活动过程】

(一)引入活动:完整欣赏音乐

师:听听这首曲子,它让你想到了什么?或想做什么?

幼:我在刮东西。

幼:让我感觉想跳舞。

……

师:说得都不错,这首轻快的曲子讲的是"给我们写童话故事的作家们,正用打字机开心、忙碌地工作"这样的一件事。

(二)逐步欣赏

1. 听"节奏"打字。

师:在刚才的音乐中,有没有什么地方,让你听起来感觉是作家们正在忙碌地工作?

(孩子们开始七嘴八舌地说着自己的感受。)

师：不如让我们跟着作家们敲打键盘的声音，去找找用打字机工作的秘密！

（孩子们一听要去打字机音乐中寻找答案，开始兴奋起来，因为他们知道每次我们在音乐中总能找到一些特别的、令人难忘的东西。）

师：仔细听，待会儿告诉我，作家们用打字机工作的时候，你都发现了哪些特别的声音？（待我们仔细倾听完乐曲后，孩子们有的已经开始迫不及待地举起小手，想要表述自己在音乐中发现的特别之处。）

幼：嗒嗒嗒嗒的声音，我爸爸在家打电脑时，电脑键盘就会出现这种声音。

幼：还有像在乡村基里玩收钱游戏的声音，每次爸爸抱着我买餐的时候，我都能听到收钱的阿姨一按键盘，装钱的盒子就"唰"的一下出来了。

幼：对呀，我在超市的收银台，也听到过这种收钱的声音。

……

师：嗯！不错！这些人们不断地敲敲打打、嗒嗒嗒嗒，总之，都在忙碌地工作着！不过，我还是有一些问题需要和你们一起来解决。

师：在音乐中，作家们是一直不停地都在打字、工作吗？有没有间断过？

幼：对，一直在工作！

幼：不知道。

师：没关系，我们一起来听一小段，听听作家们有没有间断过。

（"有！有！"孩子们不禁为自己再一次的有效验证而欢呼起来）

师：对！大作家也跟你们完成作业的时候是一样的，也要先看看清楚，想一想，思考一下，思考好了就做一部分，再多想想，再多思考一下，再做一部分。他们也是需要多思考才能把事情做好的！（老师边说边动作示范。）

师：不如我们来玩个小游戏，我当打字机"嘚嘚嘚"地动，你们来当小作家敲击键盘，当打字机没有动静，说明作家在——思考。

（在这其乐融融的口令练习游戏中，孩子们逐渐对作品中停顿的时刻有了一些认识，同时为更加准确地找准"唰"音作好了铺垫。）

2. 找"唰"音。

师：这次真像会思考的大作家了！作家把作品一点一点地打出来，没过多久就打满了一页，接着又开始打下一页，就像我们看的书一样，一页一页地（老师边说边翻动着手中的大书）不断翻新的一页，直到看完。

（在亲自接触实物大书后，让孩子们对音乐中的换行声"唰"有了更进一步地了解。）

师：那在音乐中，你知道作家在什么地方开始打新的一页吗？

幼：我发现了的，我听到有像翻书一样的声音。

师：什么样的声音？能模仿一下吗？

幼：唰唰唰的声音。

师：有吗？我们一起到音乐里去瞧一瞧！

（每每当孩子们有新的发现，我都不会急于告诉他们对与否，让孩子们充分发挥他们的才能，到音乐中去寻找答案吧。）

师：不错！我发现小朋友们翻得非常干脆、翻得非常尽兴，可还是没找得准。有的小作家还没有打完就翻了一页，做事可不能毛毛躁躁的，不能太着急的，有的打完了都还没翻呢！做事也不能拖拉，要有效率。

师：那我们来交流一下经验，你找准了"唰"的翻页声没有？怎么找准的？没有找准，你觉得是什么原因或者什么困难让你不容易找准？

幼：我觉得太快了，所以没找准。

师：哦，看来我们听的时候注意力得非常集中才行，不然太快了，我们就更没法找准了。

幼：我没听到。

师：找不到——没关系，多听肯定会有新发现……

师：不如现在我们就来听听，翻页声"唰"出现的时候，有没有什么特别的声音提示？

幼：我找准了。

师：给大家分享一下，你是怎么找准的？

幼：我听到翻书之前有"叮"这个声音，就像收银台开钱盒子的声音，我是这样判断的。

幼：对，"叮"一响之后，才翻一页新书的。

（太棒了！所有的特别声效，孩子们都发现了！接下来我要做的就是继续支持他们去辨别自己对音乐的判断是否正确）

师：好像有道理耶，我们来听听看，是不是"叮"这个声音出现后，才有翻书这个声音？

（于是我继续当我的随行者，跟随孩子们到音乐中去发现新的秘密。）

3. 找"叮"警示音。

师：仔细听果然有发现，原来要找准"唰"音是有技巧的哦。

师：只要打满一页，打字机就会像闹钟一样发出"叮"的提示，提示我们这页打好了！要赶快换新页了！

师：有了"叮"的提示，找准"唰"的翻书声还难吗？

师：那我们趁热打铁来玩个游戏吧，我来模仿提示音"叮"，你们听到"叮"的提示就迅速地翻一页新的，能行吗？（哼唱练习）

（孩子们与我愉快地配合着、游戏着。）

师：想不想在音乐中"叮"的提示下，当当小作家，打出好听的故事呢？请你边思考边打字，听到提示音"叮"，就快速地换新页哦。

（三）展现音乐

1. 学当作家打字。

师：这群小作家的创作太精彩了！

师：哇，我们又解决了一个问题，愉快吗？就像我们做完一样作业的时候，你会是什么样的心情？会发出什么样的感叹？

师：好，我们完成一页的时候，也轻轻地发泄一下，我的"叮"警示音一响，你们就边快速地换新页，边爽快地发泄一下——"耶"！（口头哼唱练习）

师：让我们一起学会做个会思考的、快乐的小作家，打一本长长的、有趣的书吧！

2. 打字机舞蹈。

师：这群小作家不错！我还没当过作家呢，我也想过把作家瘾儿！也让我来试试好吗？

师：不过，我需要你们的配合！

师：这次反过来，你们来当我的键盘，我敲击键盘，你们就不断地动，我思考，你们就停，当打完一页的时候，你们就合着音乐立起身子用动作提示我——该换新的一页啦！（师示范）我就马上换页，你们的头就要让一让哦，不然我的键盘们会弄坏的。我们来试试吧！

（在欢快、忙碌的键盘声中，孩子们和我一起上演了一场别开生面的、热闹忙碌的打字机舞会。）

【活动效果评析】

整个活动成功之处主要有两点：第一，注重把猜想验证的机会留给孩子。在整个音乐欣赏活动中，孩子们都不断地进行着对音乐有关要素的思考与判断，但自己对音乐的判断是否准确？老师没有直接告诉孩子们答案，而是让孩子们带着思考与疑问，到音乐中不断去倾听、去辨别，让孩子们在活动中习得严谨做事、大胆猜测验证的习惯。第二，注重多通道参与欣赏活动。由于幼儿的音乐修养水平远不及成人，还不能像成人一样通过无外显行为的内部操作，长时间主动地让自己沉浸在音乐欣赏中，因此对缺少音乐经验的幼儿来说进行音乐欣赏就必然需要一些外部的媒介进行辅助欣赏。在本次活动中教师则利用的是肢体和肢体游戏的方式，让孩子们不断参与音乐的欣赏过程中，如寻找"唰"音时的单一肢体参与，进行"打字机舞蹈"时的肢体游戏参与，等等，让孩子们在多种媒介材料的支撑下，循序渐进地进行欣赏。

【活动建议】

在活动开始部分，教师可以通过完整倾听音乐导入活动，也可以通过设疑、谜语等方式导入活动，激发幼儿的兴趣。

活动 2：数羊群

双流县籍田幼儿园　宋维姣

【活动目标】

1. 初步感受歌曲轻松、欢快的旋律，学习用各种不同动作表现 B 段歌词，并尝试演唱。

2. 借助教师的动作及图片提示，记忆相关歌词内容，知道动作或图片对自己的学习会有所帮助。

3. 体验与教师、同伴共同扮演角色的乐趣。

【活动准备】

1. 根据歌词内容画出的 10 只不同动态的羊。

2. 音乐磁带。

【活动过程】

（一）活动导入

师：天黑了，睡觉的时间到了，森林里的动物们都睡着了，只有小猫躺在床上，翻来覆去睡不着。月亮姐姐悄悄告诉小猫一个睡得着的好方法，让它假装躺在草地上数羊群。月亮姐姐告诉它什么好方法？

（二）完整欣赏，结合动作、图片帮助幼儿理解、记忆 B 段歌曲

1. 小猫共数了几只羊，每只羊又在干什么呢？我们来听音乐。

2. 教师结合动作，帮助幼儿理解、记忆 B 段歌曲中 10 只羊的不同动态。

师：小猫一共数了几只羊？

师：每只羊在干什么？

师：小猫究竟数了几只羊？每只羊在干什么？小朋友们有些记不清楚了，那我们再听一遍音乐。

师：谁听出来了？几只羊？每一只羊在干什么？

大家记不住没关系，今天老师带来了图片。

3. 教师逐句演唱 B 段歌曲，并借助图片帮助幼儿理解、记忆 B 段歌词。

（1）教师出示随意贴在黑板上的 10 张姿态各异的羊的图片。

师：这就是刚才小猫数的羊，请你们帮它们排排队。先找找看，哪张图片是第一只羊？它在干什么？

教师边唱边做相应动作，唱至"拉着手风琴"时放慢速度，并注意吐字清楚。以下各句依此类推。

幼儿从 10 张图片中找出"拉着手风琴"的小羊图片（见图一），教师将它粘贴在黑板的左上角。

（2）教师边唱边做指点动作：第二只，好像你。

师：第二只羊在哪里？哪张图片是"好像你"？之后以此类推。

（3）师幼一起边用手指图片边朗诵歌词，同时用动作表现 10 只羊的动态。我们好不容易把 10 只羊排了一个队。这次我们伸出手来数数看。

(4) 师幼一起边唱边做动作。

师：这次我们来当小猫，一起听着音乐来数羊群。轻轻起立，注意听音乐的前奏。

(三) 教师引导幼儿反思图片、动作策略对学习歌曲的作用

师：刚才我们唱歌的时候，是看什么帮助我们记得每只羊在干什么的？

师：如果不看图片，刚才还有什么方法帮助我们知道每只羊在干什么？（做动作。）

师：这次，你们看看老师的动作究竟能不能帮助你们，好不好？

教师带领幼儿学唱歌曲，并用相应动作表现10只羊的动态。（重复演唱两遍。）

师：刚才老师的动作是不是帮助你们了？

(四) 教师请幼儿尝试用相应动作表演10只羊的不同动态

师：小猫数羊群数了那么久还是睡不着。现在我想请小朋友们帮它数，谁愿意来做这10只羊？

表演前，教师逐个问幼儿："你扮演的是第几只羊，它在干什么？把动作做出来，摆好造型。"并交代："唱到哪只羊，哪只羊就跳出来，还要做这只羊的动作。"

在音乐声中，10个幼儿相继跳出，分别用动作表演10只羊的动态。

（在表演之前先让幼儿明确自己的身份，并且想好动作，摆出造型，可避免幼儿在演唱的过程中因即兴表演而出现反应时间不够，进而造成混乱、焦虑的状况，使幼儿的注意得到适当的分配。）

(五) 教师引导幼儿完整听磁带演唱歌曲，帮助幼儿理解为什么唱到"第八只……"音乐就停

1. 播放完整音乐（A、B两段），师幼一起演唱。

2. 重复演唱B段音乐。教师逐渐退出，用动作提醒幼儿歌词。当重复唱至"第八只"时，教师将录音音乐的音量逐渐减弱，并做睡觉状，且越来越轻地说："第八只，第八只，第八只……"活动室里十分安静。

3. 教师伸懒腰，并提问："我刚才睡着了没有？"

师：我数到第几只羊的时候睡着的？

(六) 引导幼儿讨论，学习用正确的、健康的心态面对遇到的问题

师：今天小猫睡不着月亮姐姐告诉它什么方法，你们平常睡不着的时候，会用什么方法呢？

师：你们讲的方法都很好。不过今天小猫又教给了我们一个方法，是什么方法啊？

幼（众）：数——羊——群。

师：对，数——羊——群。让我们谢谢小猫，谢谢月亮姐姐。

【活动效果评析】

第一，导入部分，这是一首充满流行音乐气息的摇篮曲。旋律欢快，歌词活泼，在活动导入时直接运用小故事的方式来导入，(提问：月亮姐姐告诉小猫什么好方法)问题紧跟故事，幼儿记忆犹新，一下子将幼儿带入今天的活动中。

第二，完整欣赏，结合动作、图片帮助幼儿理解、记忆B段歌词，结合动作、图片帮助幼儿理解，先在教师的动作配合下完整欣赏音乐，使幼儿加深印象（提问：小猫一共数了几只羊，每一只羊在干什么？让幼儿从第一印象来回答问题），通过"教师提问—幼儿回答—教师反馈"的方法帮助幼儿记住十只羊的不同形态或者动作。在这一环节中提问：你听到了几只羊，它在干什么？将问题具体化，让幼儿可以轻松地说出自己听到的答案，之后运用了直观演示法中的示范和演示的方法，借助于教师的动作表演、面部表情和生动形象的十只羊的图片，让幼儿在不断地重复中记住十只羊的不同形态或者动作。与此同时，教师运用了语言法中的提问和反馈两个方法，让所有的幼儿都有机会参与到活动中，并且采取不同的态度来反馈给幼儿，而不是单纯地表扬与肯定，体现对幼儿主体性的尊重，并且能让幼儿在探索中记住歌词。

第三，教师引导幼儿初步学习用正确健康的心态面对自己遇到的困难，提问，月亮姐姐给了小猫一个什么好办法，画龙点睛，要是你睡不着，你会怎么来做？这一环节让幼儿积极开动脑筋，联系自己的生活经验来说说怎样很快入睡，为幼儿清晰总结了这一次活动。

【活动建议】

在活动过程中教师在最后一个环节让幼儿讨论睡不着觉时所采取的策略。教师还可以先在活动导入环节中就通过问题"小朋友们，平时在家你们睡不着觉的时候会怎么做呢？"让幼儿先思考和讨论，在此基础上引出今天活动的主题"数羊群"。

活动3：小猫圆舞曲

渝中区区级机关幼儿园　杨翠兰

【活动目标】

1. 借助参加舞会的要求，听辨舞曲中的下滑音，逐步灵活运用下滑音进行游戏，体验此舞曲的诙谐有趣。
2. 通过橡皮筋手花感受下滑音的舒展延伸，体验圆舞曲的优美旋律。
3. 能尽量看着伙伴的眼睛，微笑着与伙伴配合展示舞曲。

【活动准备】

1. 幼儿经验准备：大胆积极发言经验、跳一进一退的圆舞曲经验、结伴经验。

2. 环境物质准备：《小猫圆舞曲》音乐剪辑、留言录音、猫小姐头饰、橡皮筋手花人手一朵、篮子人手一个、场地定点。

【活动过程】

（一）情境引入欣赏，让"心"动起来

师：猫小姐为了捉老鼠，常常早出晚归，为方便与朋友联系，她买了一台留言机。这不猫小姐刚到家就听到一则留言：当——当——当，您好，猫小姐，我是森林主管，特邀请您参加我们森林里的美美舞会。舞会要求是：只要您能和舞伴随着音乐自然舞动，并在找到下滑音时美美地拉长身子，秀一下就 OK 啦！这是舞会的音乐，你先练习一下吧！期待您美美的身姿哦！再见！嘟——嘟——嘟。

师：要是请你去参加舞会，你会是什么样的心情？

（孩子们的情绪被慢慢地被激发起来了！）

师：嗯！猫小姐也跟你们一样高兴，可她不会听音乐呀！咋办呢？

幼：练呗！

（当大部分孩子正在想办法时，这个轻轻的声音却像拨开云雾的阳光，一下刺激到我的神经！对呀，不会就"练呗"，我们所有的活动又何尝不是从不会到会的过程呢？干嘛非得把孩子牵引到老师事先准备好的路上，非得让他们立马说出"我们帮助它"诸如此类的设计台词呢？"不会就练呗！"多么镇定的回答！当我惊讶于孩子们无意间的话语竟会如此精辟的同时，我的思考也被激发了，这不正是教育的价值所在吗？让孩子们在活动中真正地实践怎样由"不会"到"会"的变化过程，以及在面对"不会"的新事物时，所需要的镇定的学习品质，等等，这些都正是我们教育所要传递的信息。）

师：嗯！不错！我们学任何东西都是从不会到会的，听音乐也是一样，就是要不断地听呗、练呗，只要认真、坚持就会越来越棒了！

师：那就让我们和猫小姐一起来听听《小猫圆舞曲》，看首先可以帮猫小姐做点什么？

（孩子们开始七嘴八舌地议论帮助猫小姐的法子，但都没有和老师的问题"根据舞会要求，要怎么帮猫小姐？"来说，而是凭借自己的想象来回答，看来孩子们对之前的留言没太在意，考虑到孩子们没有仔细倾听而对留言要求不明确，才导致回答得牛头不对马嘴，于是我提议——再听留言，让孩子们在留言中去发现问题，找寻答案。）

师：我们再听听留言，到底可以先做些什么？（播放留言1。）

师：需要找到什么？

幼：下滑音！

（"下滑音"这个词对孩子们来说本身就很陌生，怎样才能让"下滑音"与孩子们不再陌生，让他们用自己的切身感受去理解诠释"下滑音"，而不是老师硬给灌输的，思来想去，就先从"下滑"的感觉入手吧！）

师：下滑音？猜猜下滑音会是怎样的或什么感觉的声音？

幼：像这样呜儿——

幼：就像滑滑梯的感觉，呜儿——

师：很有道理诶！那谁来示范一个下滑的声音。

幼：当。

师：这个声音有没有下滑的感觉？

幼：没有。

（看来孩子们对"下滑"的含义理解到了，但是在表达"下滑的声音"时，还不能很好地控制声音的下滑感觉，于是，我又把球抛给孩子们，让孩子们自己来讨论、辨别解决声音"下滑感"的问题。）

师：那你能把刚才他说的"当"的声音变成有下滑感觉的声音吗？

（二）仔细辨寻，让"身"动起来

师：真棒！这些声音都让我们感觉在往下滑！在舞会音乐里有没有下滑感觉的声音？如果有，就请用下滑动作提醒猫小姐，没有我们就安静地去倾听、去寻找。

（此时的孩子因自己的主动参与，希能获得成功感，当听到"在音乐中去找出下滑音"的时候，他们更是雄心勃勃，准备再次向音乐发起挑战。但很快就出现了新的问题——音乐中的下滑音并不是一直都很明显，有的需要仔细倾听才能发现，于是部分孩子为了不错过下滑音，开始一直不停地用下滑"手势做提醒，紧跟着一些"小捣蛋"也开始跟着玩"下滑动作"，而没有仔细倾听音乐。见状，我提议让孩子们把听到的下滑音爽快地"哼"出来，给孩子们换个口味。没想到，居然得到了意想不到的效果！孩子们因"哼唱"这种新刺激而更加积极地主动倾听，寻找"下滑音"的准确度明显提高。）

师：下滑音找到了！那留言说找到它后干嘛？（再次播放留言。）

——美美地拉长身体……

师：怎样才能让身体感觉拉长了呢？

（孩子们纷纷用自己的姿态展示着：踮脚、抬头、直腰……）

师：哦！我知道了，瞧！是这样吧？

（我故意做不到位，果然，马上就有孩子纠正我的姿态。我再一次把球抛给孩子，让他们来展示怎样的姿态才能让拉长的身子变美，孩子们早已储备了大量的审美观，这对他们来说就似小菜一碟！）

幼：不对！不对！应该这样/脸还要笑/要像天鹅一样……

（我惊讶于孩子们的点评竟会如此到位！太专业了！当我提议比一比时，孩子们更是跃跃欲试地准备大展身手，看来活动真的融进他们的心里去了！于是，我们顺理成章地进行了又一次更高要求的音乐体验与表现。）

（三）感受圆舞曲，让"心""身"动起来

1. 感受并尝试表达圆舞曲中"下滑音"的延伸感。

片段一：盘腿坐着的攀攀腰板挺得直直，目不转睛地盯着老师，双手悬空拉着手花，准备随时拉开手花。

片段二：平时好动的天天，正好奇地摆弄着手中的手花，还用手花与旁边的伙伴逗乐。

片段三：佩益一手高举，另一手把手花拉得长长的，并很努力地把身子挺得直直的、眼睛顺着抬高的手往外延伸……

当圆舞曲一响起，我边随着音乐旋律以圆舞曲步伐示范，边观察着孩子的一举一动，只见攀攀非常认真地随着旋律轻轻点着脑袋，当听到三拍子出现时，攀攀的脑袋突然点得更用力了；天天也开始随着音乐摇摆身子，刚才与伙伴逗乐的眼睛也随着优美、有趣的音乐给收了回来，眼睛里充满的不再是逗乐时的闲散，而是认真的光芒；当佩益旁边的伙伴没听准下滑音就开始拉长手花时，她小声说："不是这样的！听到下滑音才拉！"说完又专注地抬起手、摇晃身子，期待着下一个下滑音的出现。

2. 共舞中感受此圆舞曲的优美与俏皮。

师：嗯！真不错，看来我们可以找个舞伴比比看，那对舞伴既能随舞曲旋律原地舞动，又能在下滑音出现时，秀出美美的身子和花，并把橡皮筋套"哗"一下向下滑得远远的！

片段一：多多兴奋地跳起来，连忙和旁边的童童手拉手，两个小美女高兴地抱成一团，开心地说："咦，我们最先找到朋友！"

片段二：性格豪爽的天天正好和文静的思颖成为舞伴，此时的天天体会到音乐的有趣，更加专注了，边哼着旋律边拉着思颖左右摇晃，下滑音出现时，他拉长手花的同时，还不忘用下滑的声音提醒伙伴说："拉——"，几番提示后，思颖被他逗乐了，两人开心地一起哼旋律，一起合着音乐说着下滑的声音。

片段三：有舞蹈基础的婷婷和丹羽组成舞伴，她们俩手拉手，四目相对会心地笑，随着旋律自如地踩着圆舞曲拍子，在教室里灵活舞动，其他的伙伴见有人行进着跳舞，他们也跟着动起来……

此时的孩子们随着音乐一起投入地舞着、玩着，这种有序而欢乐的场景，让我好感动！没有疯打，没有游离，有的是投入的专注，美美的舞姿，好喜欢这样的场景，这就是我要的音乐欣赏！

【活动效果评析】

第一，目标明确，层次递进清晰。由体会"下滑"声音—辨别"下滑音"—找准"下滑音"—上肢秀"下滑音"—同伴协作秀"下滑音"—同伴共舞为线索，一次次地递进深入，使活动层次性清晰。

第二，在音乐欣赏中关注幼儿学习品质的养成。当孩子们说"不会就练呗！"，教师抓住契机与孩子们交流探讨,让孩子们明白任何学习都有从"不会"到"会"的变化过程,面对"不会"的新事物时,我们需要镇定地面对;当孩子们对听辨要求不太明确时,教师更是让他们自己去听辨确认,养成"用心"倾听的品质。

第三,教师优美投入的示范,感染着孩子。在下滑音感受、圆舞曲示范的时候,教师用优美、富有感染性的动作示范,给孩子一种美的享受,让孩子直观感受圆舞曲的优美和华丽。

【活动建议】

贯穿活动的"留言"需妥善处理。由于"留言"贯穿了对活动的要求以及对下一步活动的提示,教师在处理时没有很好地精炼"留言"的表达含义,以至于孩子们在倾听时没有留下深刻印象,滞后了后面的活动。

活动4:拖墨借形想象

江北新村幼儿园 陈燕

【活动目标】

1. 体验玩墨想象作画活动的乐趣,在活动中获得成就感。
2. 愿意与别人分享自己的想法,能大方、清楚地进行表述。
3. 在玩墨基础上,尝试借助不规则的形象进行想象,能添画出想象动物的特征。

【活动重难点】

1. 活动重点:仔细观察,根据想象来添画想象动物的眼睛、花纹等特征,并表达自己的想法。
2. 活动难点:借助不规则的形象进行相关物的想象。

【活动准备】

1. 经验准备:有一定的玩颜料的经验,知道一些动物的基本特征
2. 物质准备:有花纹动物图片若干,排笔若干,抹布,黑色墨汁、彩色颜料(红、蓝、绿、黄)各4盘,白纸两大张,报纸若干,欢快的音乐,碟机。

【活动过程】

(一)开始部分:实物谈话引入

向幼儿出示墨汁,提问:这是什么?这个可以怎么玩儿?

(二)基本部分:通过示范、讨论、操作,引导幼儿进行创作

1. 示范拖墨,激发幼儿兴趣。

（1）向幼儿出示报纸团，提问：这里只有墨汁和报纸团，我们可以怎么玩儿呢？（引导幼儿自己思考可以用报纸团将墨拖开进行作画。）

（2）教师将纸铺在地上，滴入一些黑色颜料后按照幼儿的方法边念儿歌边用纸团将墨汁拖开来，形成一些不规则的图形。（注意画面留白。）

提问：只有墨汁和报纸团，我是怎么玩儿的？（圈一圈，点一点，抹开墨汁真好玩！）

（3）带动幼儿徒手练习拖画的一些动作。

2. 幼儿初次操作，完成不规则形象的创作——拖墨。

（1）提要求：请幼儿不拿椅子，到桌子边找个空位置准备创作。

（2）请幼儿用桌子上的黑色颜料和纸团进行拖墨，教师巡回指导，提醒幼儿注意画面留白。

（3）掌握好时间，请幼儿离开操作区回到座位。

3. 引导幼儿仔细观察、讨论拖墨作品，尝试借助这些不规则的形象进行想象。

（1）将幼儿的作品固定好，提问：咦，我在这些不规则形状里发现了一只兔子，你觉得这个画里面还藏着什么小动物？它在干什么呢？

（2）将刚才的幼儿作品换个方向，请幼儿再仔细观察，再进行提问。

小结：同样的一幅画，小朋友们却能想象出不同的东西，换个方向我们又可以想象出更多的东西，这种想象的方法就叫"借形想象"。

4. 示范添画，引导幼儿用画笔展现自己的想象。

选取幼儿想象的一个形象，用彩色颜料和排笔与幼儿一起将该形象进行丰富。

5. 幼儿再次操作，进行想象动物的丰富创作——添画。

（1）出示动物图片，引导幼儿观察动物身上丰富的斑点和条纹，为添画做铺垫。提问：这是什么动物？它身上有什么？身上的斑点/条纹是什么样子的，有什么特点呀？

（2）提要求：请幼儿再次回到作品前，观察、讨论"画里藏着什么样的小动物"。

（3）请幼儿用桌上的排笔和彩色颜料对自己想象的动物进行具体的添画。教师巡回指导，并播放动物幻灯片。

（4）掌握好时间，请幼儿离开操作区回到座位。

（三）结束部分：作品欣赏

1. 将幼儿作品展示出来，集体进行欣赏、交流。

注意借助幼儿的作品点拨本次活动"借形想象"这一内容，以及"如何进行添画"的技能和"为什么好看"，问：你发现了好朋友变出了什么小动物？请作者：开始你发现这团不规则的图形像什么，你又为它添画了什么东西？点拨"借形想象"的神奇，以及孩子超凡的想象力。

结束语：动物狂欢会就要结束了，让我们变成自己喜欢的小动物，做着它最喜欢的动作离开吧。(请幼儿随音乐模仿动物的动作离开活动室。)

【活动延伸】

故事创编活动"森林动物运动会",请幼儿根据作品上面添画的动物进行故事的创编。

【活动效果评析】

教师并不是一个高高在上的角色,而要通过各种方法引导孩子将原本美妙的东西展现出来,本次活动就充分证实了这一思想。最开始是孩子们看到了墨汁就说出了好多种玩法,当教师把他们的注意力吸引到报纸团与墨汁的组合玩法上来的时候,不用教师多说什么,他们自己就开始了创作。一个活动下来,孩子就像是一起玩了一个游戏一样轻松和快乐,在轻松愉快的氛围中幼儿超群的想象力和创造力又上了一个新的台阶。

【活动建议】

在活动导入环节,教师除了采用实物谈话引入活动外,还可以直接通过幻灯片展示有关"拖墨作品",激发幼儿活动兴趣。

活动 5:库乞乞

重庆市渝中区区级机关幼儿园　杨翠兰

【活动目标】

1. 感受《库乞乞》乐曲的轻快、跳跃,以及人声念出的固定节奏的神秘和有趣。
2. 体验到乐曲是由不同的三个部分不断反复组成的,体验与乐曲性质一致的探宝情境所带来的乐趣和成功感。
3. 根据不同的要求安静地倾听音乐。

【活动准备】

1. 幼儿经验准备:有玩芝麻开门的游戏经历。
2. 环境物质准备:《库乞乞》音乐、能体现音乐旋律线的图谱、大白纸、记号笔、两袋"宝藏"。

【活动过程】

(一)情境引入

师:刚才我们听了《阿里巴巴和四十大盗》的故事,还记得故事中,能打开神奇宝藏之门的密语吗?

幼:"芝——麻——开——门——啊"

孩子们自信满满地回答。

师：今天，老师除了给你们带来好听的故事，还带来了一段好听的音乐，音乐里也讲了一个神奇的寻宝故事！

师：咦，对了！你知道宝藏一般都会藏在什么地方呢？

幼：石头里/山洞里/房子里/不好找到地方……

孩子们的好奇心被"勾引"了。

师：嗯！小朋友们说得很有道理！应该都会藏在比较隐蔽、不容易被人发现、很难找的地方！

孩子们得到老师肯定的回答，在老师小结后，更有兴趣进行活动了。

（二）情境推进感受音乐

1. 猜"密语"——"库库库乞乞"。

师：我们今天要去寻找的宝藏，也藏在很难找的地方，而且也需要一个有趣的密语才能打开！不过，这个"密语"可跟故事里的密语不一样！

师：考考你们！老师只用口型提醒你，看你能猜出"密语"是什么吗？

孩子们纷纷注视着老师的嘴巴，想知道"密语"到底是什么？孩子们的兴奋点被好奇心点燃了……（老师嘴形提示说"库——库——库乞——乞"。）

幼：苦兮兮/哭嘻嘻/哭了……

师：嗯，有点接近了，再仔细听听，老师再大点声。（老师轻声说"库——库——库乞——乞"。）

幼："库——库——库乞——乞"！

师：找到了吗？请大声念出来！

幼："库——库——库乞——乞"！

孩子们兴奋地叫起来，为自己会听话的耳朵感到高兴。

2. 寻找"密语"。

师：我们已经发现"密语"了，那接下来老师再给你们一个任务，看能不能完成！

任务的提出让孩子们参与挑战的欲望更强烈了。

师：请听有"密语"的音乐，并把"密语"从音乐中找出来，如果你找到了，就举手示意；没有发现，就请把手放下并对老师笑一笑，好吗？

孩子们听说"密语"就在音乐里，都不自觉地悄悄伸长脖子，想早点儿发现"密语"的"藏身之地"，当孩子们听到节奏感强烈而神秘的"库库库乞乞"时，大多都情不自禁地跟着边念边拍打节奏，但有的还不能确定，于是老师边听边进行着语言提示……

师：如果你听到了"库库库乞乞"密语，就请你点出来/喊出来/边喊边敲出来……

孩子们听到不同的指令，已经找到"密语"的幼儿更加投入，之前没找到的幼儿，也在伙伴的熏陶下，开窍了！

3. 寻找宝藏图。

师：太厉害了！这么快就把"密语"从音乐里揪出来了！可光有"密语"就能找到宝藏吗？

幼：你得会认路/可以找到藏宝的地方/哪儿找啊/应该在山里……

孩子们发现了问题，开始各抒己见。

师：嗯！小朋友都很有想法，呵呵，不过不用担心！老师这儿有能顺利找到宝藏的宝贝呢！当当当当——

幼：藏宝图！

师：嗯！对！

（老师故意夸张地打开藏宝图，但其实是张白纸。）

幼：老师什么都没有/是不是拿错了……

师：啊？藏宝图怎么……怎么是空白的呀？（老师故作紧张的表情，更是让孩子们充分地进入角色情境。）

幼：什么都没有，怎么去找宝藏嘛/我们自己画吧……

孩子们开始担心起来，有的还想起了办法。

师：嗯！是个好办法！不过，要成功找到准确的藏宝图，还得请我们的音乐帮忙！看我的！

孩子们一听，还有那么神奇的事啊！都瞪大了眼睛想看个究竟。于是，我假装很得意地卷起袖子、拿起笔，边听音乐边把音乐的旋律线画在黑板上。

随着音乐旋律、节奏的变化，"藏宝图"中的群山、石梯、要"秘诀"的门就慢慢地显示在白纸上，孩子们边听音乐旋律边随着神奇的"藏宝图"摆动着身子，乐此不疲……

幼：哇！出来啦！

师：哇！藏宝图出现啦！宝藏在哪儿？一路上有些什么机关？

幼：要过桥/不对，那是山/还有梯坎……

孩子们都争先恐后地讲述着自己在"藏宝图"中发现的秘密，并从视觉上潜移默化地感受了乐曲是由三个不同的部分反复构成的。

（三）多种形式参与体验音乐

1. 手指体验寻宝历程。

师：嗯！藏宝的地方要经过好多起伏的山呀、桥呀，好多梯坎，好多机关！看来寻宝可不是一件容易的事，要是一不小心就会"呜呜呜"摔下来！看来寻宝之前我们得练习一下了，请把你的小手伸出来，先熟悉一下藏宝图吧！

孩子们纷纷高兴地伸出手指、扭动身子，跟着"藏宝图"音乐的节奏、旋律，沿着音乐

的三部分明显特征，开始了"热身"运动……

师：小朋友们都好棒啊，闯过了那么多的危险地方！

师：××爬山时手指做的指引好明确哦！我一看就知道爬上石梯……

孩子听到老师对自己充分的肯定，更加专注了。

2. 初试寻宝历程。

师：恩！看来我们的准备工作做得很不错了！想不想在音乐的提示下一起去寻找宝藏呢？

幼：想！

异口同声的回答印证了孩子们的心声……

师：那请你轻轻站起来（活动中幼儿与老师坐成圆形），向右转，记住一定要跟着音乐，合着它的节拍走，不然翻山越岭的很危险！

孩子们听到老师的提示后，纷纷收住了乱动的脚，赶紧调整姿势，准备待命。

师：哇！找到宝藏了，可就是小了点，不够分！虽然我们准备工作做得不错！但是，我发现有小朋友没有跟着音乐节奏和旋律走，还有的小朋友边走边笑，注意力不太集中，这样都很容易摔下去；打开宝藏门时，叫门声太小，有的地方进不去，结果没拿到多少宝藏！

3. 再探寻宝路。

师：想不想再试一次，安全地取出更多宝藏？

幼：想！

师：那我们要跟准节奏和旋律，专心寻宝，小心山路，听到密语不要错过，大声喊出来！

听了老师的提醒，孩子们对自己之前的行动马上进行了调整，兴奋而专注地准备踏上下一个寻宝历程……

经过无数次的"艰辛"，我们最终找到了更多的宝藏！孩子们更是兴奋不已！

【活动效果评析】

第一，适当的载体承载音乐元素。用适当与音乐作品性质一致的音乐载体贯穿融合整个活动，使抽象的音乐欣赏立体化。在"库乞乞"活动中，由于乐曲就像寻宝一样充满神秘和惊险，于是教师设计了以寻找宝藏的情节作为载体，通过有效的、层层推进的完整探宝情境来承载音乐要素：神秘人声"库库库乞乞"和不断重复的段式结构。让孩子在创设的音乐情境中，有可依附的载体来协助欣赏，有角色意识地"忘我"活动。

第二，让孩子充分去挑战自我。由于有寻宝情节作为音乐载体，进而开始了一系列的寻宝经历：找"密语"—熟悉"密语"—找"藏宝图"—手、脚、全身有层次性地"按图寻宝"，在有层次性、推进性的活动环节中，孩子们很自然地萌生出对角色的责任感。如：在活动中，老师拿出的"藏宝图"是空白的时候，孩子们都非常着急，还不停地想办法准备去解决；当"藏宝图"慢慢出现时，孩子们除了对"藏宝图"的期待，更是对重新找到"藏宝图"激动不已！孩子们之所以乐在其中，是因为孩子们已经把自己当成了"寻宝"的一员……

第三，对音乐素材的把握还要更细腻。由于完整的《库乞乞》乐曲，是由不同的三部分重复六遍构成的，时长为 1 分 30 秒，针对大班孩子来说，音乐素材及时间都是比较适宜的。然而在活动前，没有充分考虑到这 1 分 30 秒是不断反复的，由于考虑欠佳，在初试"寻宝"的环节，当孩子们听到音乐重复第五、六遍的时候，倾听音乐的专注力开始有所分散，以致孩子们有点过度兴奋。

【活动建议】

教师在寻找"密语"这一环节中，也可以先告诉幼儿密语就是"库库库乞乞"，让幼儿听到后用自己的方式将密语表达出来。

参考文献

[1] 闫德明，费伦猛. 如何撰写教育案例[M]. 北京：现代教育出版社，2009.
[2] 教育部基础教育司. 幼儿园教育指导纲要（试行）解读[M]. 南京：江苏教育出版社，2002.
[3] 廖丽英. 幼儿园数学教育[M]. 北京：中国劳动社会保障出版社，1999.
[4] 张慧和，张俊. 幼儿园数学教育[M]. 北京：人民教育出版社，2004.
[5] 顾荣芳，薛菁华. 幼儿园健康教育[M]. 北京：人民教育出版社，2004.
[6] 陈世联. 民族文化与儿童社会化研究[M]. 长春：吉林大学出版社，2006.
[7] 陈世联. 幼儿社会教育[M]. 海口：南海出版公司. 2009.
[8] 张明红. 学前儿童语言教育[M]. 上海：华东师范大学出版社，2006.
[9] 北京市海淀区教师进修学校. 实践、研究、反思——幼儿园优秀教育活动案例与评析[M]. 北京：北京师范大学出版社，2010.
[10] 尹坚勤. 幼儿园教育活动案例精选[M]. 南京：南京师范大学出版社，2002.
[11] 夏力. 回归生活：幼儿园教育活动案例及评析[M]. 上海：复旦大学出版社，2008.
[12] 幼儿学习网
[13] 学前教育研究网